와우 결혼

죠이선교회는 예수님을 첫째로(Jesus First)
이웃을 둘째로(Others Second)
나 자신을 마지막으로(You Third) 둘 때
참 기쁨(JOY)이 있다는 죠이 정신(JOY Spirit)을 토대로
하나님 나라의 확장을 위해 지역 교회와 협력, 보완하는
선교 단체로서 지상 명령을 성취한다는 사명으로 일합니다.

죠이선교회출판사역부는 그리스도를 대신한 사신으로
문서를 통한 지상 명령 성취와 하나님 나라 확장을 위해 노력합니다.

「와우 결혼」

Copyright ⓒ 2013 by 김종필 · 정신실

이 책의 저작권은 저자와 독점 계약한 죠이선교회에 있습니다.
신 저작권법에 의하여 한국 내에서 보호 받는 저작물이므로 무단 전재와 무단 복제를 금합니다.

와우 결혼

김종필 · 정신실 지음

들어가는 글 6

PART 1 결혼, 공부하다

1. 책을 사이에 두고, 책을 함께 보면서 13
2. 공부하는 성에서 즐기는 성으로 27
3. 양육 이야기 45
4. JP&SS 부부 공부 리포트 63

PART 2 결혼, 살다

5. 하나가 되는 수고로움 79
6. 냉정과 열정 사이 싸움의 법칙 97
7. 며느리 고생은 남편도 몰라 113
8. 돈 걱정 없는 가정 131

contents 차례

PART 3 결혼, 세워 가다

9. 일하는 엄마의 기쁨과 슬픔 147
10. 반쪽의 소명을 찾아서 163
11. 가장 리더십, 부부 파트너십 177
12. 할 수 있는 것만 하는 것은 사랑이 아니다 191

에필로그 201
함께 읽으면 좋은 책들 211

들어가는 글

진지한 남자와 익살스러운 여자. 전혀 다른 두 사람이 만났습니다. 진지남은 사색을 좋아하고, 홀로 있어야 힘이 납니다. 익살녀는 재미있는 수다를 좋아하고, 함께 있어야 힘이 납니다. 사색하는 남자는 말수는 적지만 비전이라는 단어에 가슴이 벅차오릅니다. 수다 떠는 여자는 웃음소리는 크지만 공감과 환대 속에서 종종 눈물을 흘립니다. MBTI^{Myeers-Briggs Type Indicator}라는 성격유형 검사를 해 보니 남자는 'INTJ형'이라 하고, 여자는 'ESFP형'으로 정반대 성향이라 합니다. 그러니까 삶의 에너지를 얻거나 정보를 받아들이는 방식, 관계를 맺거나 일하는 스타일 등 모든 면에서 서로 반대라는 뜻입니다.

그런데 이 두 사람이 사랑에 빠져 결혼하게 되었습니다. 결혼하여서 한 몸 이뤄 보니, 30여 년 동안 한 번도 해 보지 않은 생각을 해야 했고, 한 번도 경험해 보지 못한 것들을 시도해야 했습니다. 부부이기 때문에 피할 수도 없었고, 사랑하기 때문에 정복할 수도 없었습니다. 상대 눈에 비친 자기 내면을 보며 충격에 휩싸이기도 했습니다. 그러다 문득 돌아보니 삶이 두 배로 풍성해졌습니다. 하지만 그 풍성함이 거저 얻은 선물은 아닙니다.

전혀 다른 두 사람이 각각 부모로부터 독립하는 데에 시간이 걸렸습니다. 서로 연합하는 데에도 인내와 자기 부인이 필요했습니다. 주님께서 말씀하신 '한 몸'의 신비를 터득하는 데에는 두 사람만의 지혜로는 턱없이 부족했습니다. 알콩달콩과 티격태격을 반복하며 부부 됨을 배워 나가는 시기에 우연히 〈복음과상황〉이라는 지면에 부부의 일상을 날것 그대로 생중계하게 되었습니다. 서로 만나기 전부터 '행복한 부부, 건강한 가정'을 오래도록 꿈꿔 왔기 때문에 전혀 다른 두 사람이지만 지향점만큼은 분명했습니다. 부부 생활의 이모저모를 기독교 세계관으로 조명해 보자며 부끄러움을 무릅쓰고 썼습니다. 결혼 5년 차 시절의 부부 이야기를 10여 년이 지난 지금 다시 매만지고 다듬어 내놓습니다.

"와서 보라! 우리의 결혼을!"이 충천한 자신감의 출처는 저희 안에 있지 않음을 밝힙니다. 일단 와서 보시면 그리 선하고 아름다운 결혼 생활만은 아니란 사실을 알게 될 것입니다. 싸우고 두려워하고 비난하며 상처받기도 하는 결혼 생활이지만 이것이 세워진 주춧돌만큼은 분명합니다. 그것을 보여 드리고 싶습니다. 서로 온전히 사랑할 힘이 우리에게 없지만 사랑의 근원이신 하나님을 의지해 사랑하며 사는 결혼 생활이 행복했습니다. 그러할진대 얼굴과 얼굴을 맞대고 뵐 아버지의 그 사랑은 어떠할지요. 와서 보십시오. 닭살 돋는 결혼이 손가락이 되어 가리키는 진짜 사랑을요.

중매쟁이 세 분께 지면을 통해 감사 인사를 드려야 할 것 같습니다. 책의 1장에서 보듯 손봉호 교수님, 이현주 목사님, 존 스토트 목사님께서는 당신들께서 무슨 일을 하셨는지조차 모르실 겁니다. 이제 와 양복 한 벌 해 드릴 수는 없고 그저 머리 숙여 감사드릴 뿐입니다. 세 분 스승님을 책으로 소개해 주셨고, 젊은 날 '공부하는 그리스도인'이 되도록 가르쳐 주신 또 다른 중매쟁이 지강유철 전도사님께 특별히 감사드립니다. 또 하나의 '영혼의 친구 부부', 백현웅&김인아 부부는 저희에게 선물 같은 친구입니다. 든든한 선배이신 서재석&박영수, 김동원&조기옥 부부들의 응원은 저희 부부에게 늘 기댈 언덕입니다. 한영교회에서 좋은 부부의 모델을 보여 주신 분들을 기억합니다. 특히 2청년회 가족들, AP 목장 식구들과 울고 웃으며 나눴던 이야기들이 이 책의 내용을 더욱 풍성하게 해 주었습니다. 지금도 JP&SS로 저희를 기억해 주시는 그 시절 〈복음과상황〉의 독자들께 새삼스런 감사를 드립니다. 죠이선교회 출판사역부를 통해서 다시 한 번 구슬 서 말이 보배로 꿰어졌습니다. 모든 것이 은혜입니다.

<소개합니다>

정신실이 김종필을

JP라 불리는 제 남편 김종필을 소개합니다. 'Joy Peace'의 JP입니다. "나는 숲에 새와 같이 기쁘다"라는 찬송이 내 것이라며 살아온 제게 진짜 기쁨을 가르쳐 준 사람입니다. 저는 자칭 타칭 기쁨의 사람이었지만 재미, 행복, 긍정, 밝음만이 기쁨의 조건인 줄 알았었습니다. 고통, 슬픔, 어두움을 껴안는 기쁨이 참된 기쁨임을 그와의 동반 여정을 통해서 배웠습니다. 평화를 사랑하는 그의 성품이 가져다준 선물입니다. 그는 JP, Joy Peace라 불리기에 합당한 사람입니다.

김종필이 정신실을

SS라 불리는 아내, 정신실을 소개합니다. 'Small S-line'의 SS입니다. 인생을 준비 모드로만 살던 네모반듯한 제게 지금 여기의 일상을 누리는 비결을 가르쳐 준 사람입니다. 라인이 살아 있는 그녀의 삶에 중독된 덕분입니다. 큰 비전과 선지자적인 비장감을 잃지 않고 타인을 위해 희생하는 삶만이 의미 있는 삶인 줄 알았습니다. 일상의 소소한 것들에 울고 웃으며 공감할 수 있어야 비로소 큰 비전도 의미 있음을 그녀와의 동반 여정을 통해서 배웠습니다. 작은 일에 신실한^{sincerity} 그녀의 성품이 가져다준 선물입니다.

PART 1

결혼, 공부하다

1
책을 사이에 두고, 책을 함께 보면서

"중매요."

둘이 어떻게 만났느냐는 흔한 질문에 우리는 이렇게 답한다. 자유 연애 시대에 소개팅도, 헌팅도 아니고 중매가 웬 말이냐고? 그렇다. 우리는 책 중매로 결혼했다. 책 덕분에 만나고, 책 때문에 헤어지고, 책을 읽다가 다시 만나고. 우리 사이에는 늘 책이 있었다. 책을 곁에 두고 사랑을 배우는 책 중독 부부. 우리 이야기는 이러하다.

만남에 즈음하여

SS

　서른이 되어도 시집 못 가고 있는 딸 걱정에 밤잠 설치시는 우리 엄마에게 '책'은 괜한 미움의 대상이었다. 그도 그럴 것이 가라는 시집은 안 가고 나날이 책꽂이에 책만 늘고 있었기 때문이다. 딸보다 책을 구박하는 편이 낫다고 생각하셨는지 시집 못 가는 이유를 책에다 덮어씌우신다. "여자가 책 많이 읽어서 똑똑해지면 못 쓴다."고 하시며…….

　하긴 나도 부담이 되는 건 사실이다. 박사 과정 공부하는 것도 아닌데 무슨 놈의 혼수에 수백 권의 책을 동반할 여자를 좋아할 남자가 우리 사회에 얼마나 있겠나?

　무엇보다 함께 책을 읽으며 삶을 나눌 동등한 상대로 여자를 대할 그런 남자를 만날 수나 있는 걸까?

JP

　부모님은 내가 어렸을 때 책 한 권 사 주신 적이 없다. 물론 내 기억에 부모님 역시 책을 사지도, 읽지도 않으셨다. 찌든 가난과 힘겨운 돈벌이만으로도 버거운 하루하루였고, 게다가 글

공부를 제대로 해 보신 적이 없었기에 그럴 여유도 없었을 것이다. (자녀를 다 키우고 출가시킨 후에야 어머니는 뒤늦게 책 읽기에 발동이 걸렸다.) 책을 좋아하는 건 내 안에 숨겨진 천성이었단 말인가! 가족 중 아무도 그러라고 하지도 않았고, 읽기와 쓰기에 그다지 흥미도 없던 내 십 대 말에 느닷없이 1920년대 작가 김동인의 책들이 눈에 들어오기 시작했다. 바야흐로 나는 책 읽는 재미에 눈을 뜬 것이다!

그 '재미'는 급기야 대학을 휴학하고 일 년간 책만 읽겠다는 결심까지 하게 만들었다. 친구들이 다들 어학 연수와 고시 공부를 이유로 휴학하던 시기에 나는 엉뚱하게도 대학생 필수 교양 서적 100권을 읽겠노라며 휴학계를 냈다. 나에게는 최소한의 기본적인 지성을 갖추는 것이 토플 책과 고시 책을 붙들고 있는 것보다 더 중요했고, 교양을 쌓아 나만의 세계관을 갖는 것이 미래를 대비하기 위해 더 소중한 일로 여겨졌다. 동시에 어린 시절 책을 읽지 않았던 것에 대한 뒤늦은 보상 심리도 작동했다. 나중에 알게 된 사실이지만, 그 휴학은 평생의 반려자를 사로잡는 데 '신의 한 수'가 되었다. 왜냐하면, 아내는 책을 읽지 않는 남자에게는 도통 관심이 없었으니깐!

만남 : 손봉호와 이현주

SS

"누구든 내 앞에서 손봉호를 욕하면 내 주먹이 참지 못하고……책을 통해서 그분을 만나고 존경하게 되었다."

어느 날 청년회 주보에 기고된 글을 읽다가 눈이 튀어나올 뻔했다. 아니, 손봉호 교수님을 마음의 스승으로 모신 사람이 있단 말이야? 우리 청년회에? 그것도 직접 만남이 아니라 책을 통해서? 사실 손 교수님 책은 내게 크리스천으로서 어떻게 살아야 할지를 가장 구체적으로 가르쳐 주었고, 그렇기 때문에 그분은 내 마음의 스승이었다. 대체 누가 이 글을 썼담? 아, 지난번에 새로 등록했다던 그 얼굴 칙칙한 애! 보기하고 다른 걸…….

알고 보니 손봉호 교수님 책만이 아니었다. 책을 통해 만난 또 다른 나의 스승, 이현주 목사님. 그 칙칙한 애, **JP**가 이현주 목사님까지 좋아한다고 말하는 것이다. 고신 교단 장로인 손 교수와 진보적인 감리교 목사 이현주 두 분은 영 다르다. 아~! 예전에 했던 자문자답이 뇌리를 스친다. '제 이상형이요?

손봉호와 이현주를 모두 좋아할 수 있는 사람이요!' 그런데 애가 두 분을 좋아한다고?

이렇게 설레기 시작한 마음, 얼마 후 확실하게 확인 사살을 당하고 말았다. 성경 공부 시간, 자신이 읽은 최악의 책을 말하던 자리였다. 그때 우리 JP 하시는 말씀.

"전○○ 목사의 「○○무릎」입니다. 읽다가 화가 나서 던져 버렸습니다."

으악! 나 얼마 전에 서점 베스트셀러 코너에서 이 책을 보고 '하나님, 성도들이 이런 책 그만 좀 좋아하게 해 주세요!' 하고 기도했었는데.

JP

내 안에 꿈틀거리는 뭔가에 대해 아무도 대답해 주지 않는 작은 교회를 떠났다. 그곳은 어머니와도 같은 곳이었다. 교회를 나오기 직전 나는 디트리히 본회퍼의 「신도의 공동생활」을 마르고 닳도록 읽었다. 홀로 떨어져 나와 외로웠지만 본회퍼를 품고 있었기에 새로운 공동체에 대한 희망도 있었다.

새로운 교회 낯선 청년회에서의 첫 모임. 도통 관리되지 않는 긴장된 표정으로 구석에 조용히 앉아 있던 내 정신을 일순간에 뒤흔든 사건이 벌어졌다.

어색하고 낯선 시간이 지루하게 흐르는 중이었다. 나이를 가늠하기 어려운 한 자매가 옆구리에 책을 한 묶음 꿰차고 들어와 사람들을 들썩들썩 요동시키더니, 새로 그룹 스터디 할 교재를 소개한다고 하면서 입을 떼는데, "본회퍼가 말하길……." 본회퍼? 지금 본회퍼라고 했나? 왠지 코드가 맞을 것만 같은 그 자매는, 그러나 무려 네 기수 위 선배였다. 그때는 언감생심焉敢生心 꿈조차 꿀 수 없는 관계였다. 그렇지만 꿀 수 없을 것 같던 꿈은 그리 멀리 있지 않았다.

어느 날 청년회 주보에 이현주 목사의 우화 하나가 실린 것이 발단이었다. 고신 교단 주보에 이현주 목사의 글이라? 이것은 도무지 용납할 수 없는 일이었건만 나로서는 엄청난 매력 포인트가 아닐 수 없었다. 도대체 누굴까? 누가 이런 글을 주보에 실었단 말인가? 아하! 바로 역시, 그 본회퍼 누님!'

짧은 교제와 헤어짐 : 존 스토트

ss

세 살 연하라는 것이 무슨 문제가 되겠는가? 온갖 책들이 이렇게 열심히 중매하고 있는데 말이다.

나는 지금 연애 중. 떨리는 가슴을 안고 그 사람을 만나러 간다. 내 손에는 그이에게 줄 손수 싼 도시락이 아니라 수백 페이지짜리 존 스토트 목사님의 「현대를 사는 그리스도인」이 들려 있다. 나를 만나러 오는 그 역시 손에는 내게 줄 꽃다발이 아니라 같은 책이 들려져 있다.

연애 초기, 마법의 보자기를 뒤집어쓰고 구름 위를 걷기를 시작하는 로맨틱한 나날의 연속인 연인들 손에 웬 사전 두께만 한 책? 그렇다. 우리는 데이트 하면서 낭만적으로 북스터디를 했다. 함께 존 스토트를 읽으며 열띤 토론으로 사랑을 나눴다. 같은 책을 읽으며 더욱 하나가 되어 갈 것을 기대했지만 안타깝게도 현실은 그렇지 않았다. 오히려 존 스토트는 우리가 얼마나 다른지 가르쳐 주었고 그걸 수용하는 것이 얼마나 어려운지 확인시켜 주었다. 우리는 존 스토트를 중심으로 한 사람은 오른쪽에, 한 사람은 왼쪽에 서 있었다. 우리 각자의 자리가 존 스토트에게는 가까웠지만, 서로에게는 너무 먼 거리였음을 알게 된 것이다.

그 사람은 내 생각보다 훨씬 더 이현주스러웠고 난 내가 알고 있던 것보다 훨씬 더 손봉호스러웠다. 우리를 그렇게 운명처럼 이어 주고 중매했던 책이 이번엔 가차 없이 우릴 갈라놓았다.

JP

그녀와의 사귐은 꽤 흥미롭고 재미있었지만, 적잖은 불안감이 엄습해 오곤 했다. 처음엔 같은 점을 하나둘 확인하는 것이 흥미로웠지만, 차차 차이점이 드러나면서 불안해졌다. 이 차이를 묵인하고 넘길까? 아님, 짚고 넘어가야 할까? 차이는 이랬다. 교회가 수천 년간 축적하며 전수해 온 신앙 전통의 수용성과 유연성이 생각보다 컸던 것이다. 합동 교단의 딸인 아내의 보수성은 통합 교단의 아들인 내게 갈수록 갑갑해 보였고, 반대로 나의 자유분방한 해석은 아내에겐 불안한 이유가 된 것이다. 우리 두 사람이 이 일을 어떻게 해결하려고 했을 것으로 짐작하는가?

그렇다. 우리는 함께 '책'을 보기로 했다. 신학적 다양함 속에서 그래도 일치를 위해 노력한 존 스토트는 우리의 균열을 이어 주기

에 적합한 중재자로 생각되었다. 우리 두 사람은 「현대를 사는 그리스도인」을 매주 한 장씩 읽고 얘기를 나누기로 했다. 그렇지만 결과적으로 그분의 중재는 실패로 돌아가고 말았다. 기독교 기본 진리를 받아들이는 데 있어서 우리 둘은 미묘한 차이를 보였고, 그 차이는 건널 수 없는 강처럼 보였던 것이다. 순식간에 그 차이는 삶의 태도와 방식에도 영향을 미칠 것이라는 데 합의했으므로 우리는 서서히 이별의 절차를 밟게 되었다.

그때 우리가 함께 책을 읽은 일은 언제 되돌아보아도 참 잘한 일이다. 설령 우리 두 사람이 나중에 다시 만나지 못했어도, 헤어짐에 앞서 서로 이해하기 위해 할 바를 다해 봤다는 점에서 나름대로 잘한 처신이었다고 생각한다. 서로 간의 차이를 극복하기 위한 노력도 없이 이별을 통보하고(예컨대, 기도해 보니 아닌 것 같다는 둥, 원래 우리는 안 어울리는 사람인 것 같다는 둥) 그것을 수용하지 못한 채 등지는 커플이 얼마나 많은가.

홀로 성경으로 돌아가

SS

헤어진 이후의 시간은 상상을 초월하는 고통의 시간이었

다. 현실을 잊기 위해서 마약에 빠져드는 것처럼 그즈음 출간된 임철우의 소설 「봄날」 다섯 권을 내리읽었다. '80년 광주'라는 과거 세계로 빠져 들어가 고통스러운 현재의 시간을 지워 버리려 애썼다. 그 속에서 울고 분노하면서 시간을 죽였다. 그러나 책에서 눈을 떼는 순간은 또다시 칼날 같은 아픔, 지금 여기 나의 고통.

성경을 붙들어야 했다. 성경을 통해서 나를 정직히 보지 않으면 결코 고통을 해결할 수 없다는 것을 깨닫게 하신다. 사무엘서를 통해 다윗을 묵상하면서 나는 다시 내 자리를 찾아간다. 내 인생에서 이렇듯 절절하게 말씀을 붙들고 묵상해 본 적이 있었던가?

함께 책을 읽을 수 있다는 점이 배우자로서 최상의 조건이 될 수 없다는 결론과 함께 모든 것을 포기하고 이삭처럼 기도했다. '하나님, 당신 뜻대로 순적히 만나게 해 주세요.'

그 기도는 쉽게 응답을 받았고, 순적히 만난 배우자는 몇 개월 전 헤어졌던 JP 그였다.

JP

오래전, 잠깐 했던 짝사랑을 잊기 위해 1년을 허비했는데, 이 만남을 어찌 잊고 제자리로 돌아갈 수 있을 것인가? 어찌하

여 '말'은 이중성, 아니 다면성을 품고 있을까? 그간 그녀를 향해 쏟아 냈던 말들은 밤낮 귓가를 맴돌고 내 음성이 나조차 생소할 정도로 나는 말이 없어졌다. 그리고 나는 시름시름 앓아 가며 「신 없는 구원, 신 앞의 철학」을 비롯한 김영민의 언어 세계에 빠져들었다. 현학적이 된다는 것은 고통을 잊기 위한 참 좋은 방편이기도 하니까. 그러나 그것도 잠시. 나는 모든 것을 포맷하고 두 음절짜리 기독교 용어에 충실하게 다시 돌아가기로 했다. 사랑, 믿음, 구원, 인내, 소망……. 그리고 나는 그녀의 거울을 통해 반사되던 자유주의자의 가면을 벗고 성경으로, 예수에게로 돌아가 거기서 진짜 '사랑'을 다시 만났다.

그리고 다시금 그녀를 바라보았다. 우리의 신학적 차이는 더는 '차이'의 축에도 끼지 못할 별 것 아닌 것으로 보이기 시작했다. 아, 본회퍼 누나! 내 생애 이보다 더 적합한 여성을 만날 수는 없으리라!

혼수 준비하며 스터디하기 : 빌 하이벨스

SS

결혼을 준비한다. 우린 또 북스터디를 한다. 주례를 맡으신 목사님이 숙제를 내 주셨다. 빌 하이벨스의 「크리스천의 연애와 결혼」을 매주 한 장씩 읽고 토론한 것을 정리해서 가져오는 것. 그래서 우린 다시 책을 읽는다. 장롱 고르러 갔다가 저녁에 스터디하고 드레스 맞추고 나서 또 스터디하고……, 함께 읽고 토론하면서 서로의 어린 시절을 얘기하고 가정을 얘기하고 장점을 얘기하고 단점을 고백하고, 그리고 함께 만들어 갈 가정 설계도를 그려 간다.

우리를 중매했던 '책'은 우리의 결혼을 끝까지 책임져 줄 것만 같다. 책으로 인해 펼쳐질 버라이어티(variety)한 우리 결혼 생활, 왠지 기대가 된다.

1. 배우자에게 느꼈던 첫 번째 매력은 무엇입니까?

2. 부부의 연애와 결혼에 도움이 되었던 책이 있습니까? 서로에게 선물로 주었던 책이 있습니까?

3. 두 사람의 사랑과 교제를 방해할 만한 큰 차이점 때문에 갈등해 본 적이 있습니까? 그 갈등은 어떻게 해결되었습니까? 다시 되돌린다면 어떻게 접근하여 풀어갈 수 있을까요?

2

공부하는 성에서
즐기는 성으로

　결혼 후 부부가 처음으로 같이 읽은 책은 성에 관한 책이었다. 궁금한 것도 많고 아쉬운 것도 많았으니 뭐라도 읽지 않았겠는가! 평생 남자 또는 여자의 몸으로만 살아온 두 사람이 낯선 몸을 대하면서 드는 당혹감, 그래서 차마 말로 나오지 않는 것들을 책을 인용해 '돌려 말하기'가 가능했다. 그 이후 조심스럽게 시작된 부부간의 '성'에 관한 대화가 어느새 자연스럽게 터놓고 얘기할 정도가 되었다. 놀이로서의 성, 일상으로서의 성 그리고 그 성을 향한 하나님의 뜻까지 이젠 막힘없이 대화할 수 있게 되었으니 이것이 과연 '한 몸 됨'이리라!

성을 말하기 : 「아름다운 애정생활」

JP

결혼을 몇 주 앞둔 즈음에 장모님께서 우스갯소리로 하신 말씀이 있었다.

"결혼하기로 했으면 얼른 해야 되는디……. 왜냐하면 남자가 힘들거든. 어이구~ 김 서방 얼굴에 살 빠진 것 좀 봐!"

"???"

정말 그랬다. 보는 사람마다 왜 그렇게 얼굴이 안됐냐고 한마디씩 했으니까. 그런데 결혼을 하고 나니 친구, 선후배 할 것 없이 죄다 하는 말이,

"야~ 얼굴 좋아진 것 좀 봐라!"

"형! 결혼하고 나니 굉장히 자신감 있어 보이는데?"

"아니! 칙칙한 예전 모습이 어디 갔지?" 하며 결혼의 위대함을 찬미하곤 했다. 아내는 그런 내 변화를 두고 지금도 종종 놀려대며 공치사功致辭를 늘어놓곤 한다. 아니! 도대체 내 이미지가 어땠기에?

총각 때 모습을 거슬러 더듬어 보니 참으로 우습기 그지없다. 소심국 황태자라고나 할까? 나는 큰 키에 비해 균형 잡히

지 못한 몸매를 가지고 있었다(고 생각한다). 비쩍 마른 상체에 비해 허벅지는 운동선수처럼 굵고, 긴 상체에 비해 하체는 짧아서, 종종 신체적 콤플렉스에서 벗어나지를 못했다. (이건 완전히 상대적인 느낌일 뿐이다.) 매력적으로 보이고 싶었지만 실상 내 몸은 매력이 없었고, 적극적인 사람이 되고 싶었지만 더더욱 소심해지기만 했다. 그저 어깨가 떡 벌어지고 다리가 긴 사람이 부럽기만 했고, 육체적으로 매력적인 사람들은 죄다 활달하고 밝은 사람처럼 보일 뿐이었다. 매력 없는 몸이라는 열등감과 보수적 신앙의 성적 자기 검열은 마침내 '칙칙함'이라는 이미지를 탄생시킨 셈이다.

이런 내 모습은 결혼 초에 '과연 아내가 나에게서 성적 매력을 발견할 수 있을 것인가?' 하는 두려움을 갖게끔 했다. 결혼하니 성욕은 원할 때마다 대개 충족되었다. 하지만 그 욕구 뒷면에 붙어 있는 또 다른 욕구인 '내 있는 모습 그대로의 인정'이 자못 궁금해졌다. 육체적 매력 없음과 그 때문에 꼬여 버린 내 소심한 자아상 모두 말이다. 그렇지만 그게 어디 그렇게 쉽게 말로 나오던가! 성적 욕구는 대책 없이 때가 되면 등장하건만 어째서 '그 일'은 늘 미완의 아쉬움으로 남는 것인지……, 왜 두려움은 사라지지 않고 어찌하여 영화와 소설 속 장면들

만이 끊임없이 나를 속이려고 하는 것인지……, 나는 왜 아내 앞에서 나를 위장하는 일로 에너지를 소비해야만 하는 것인지……, 무엇보다도 답답한 것은 성관계에 대한 대화의 물꼬를 틀 방법을 도무지 찾아낼 수 없다는 사실이었다. 두 사람이 그렇게 가까이 있었으면서도 말이다.

그러다가 아내가 우연한 기회에 목사님 댁 서재에서 책 한 권을 발견했는데, 우리는 곧바로 그 책을 사서 탐독하고 연구에 빠져들었다. 그리고 그 책,「아름다운 애정생활」은 기독 서적들에서 흔히 예상할 수 있는 것과는 달리 추상적 원리가 아닌 실제적 지침을, 경건한 가르침이 아닌 뜨거운 경험담을, 금욕으로서의 성 절제가 아닌 즐거움으로서의 성 놀이를, 그 밖에 우리가 궁금해 하는 것들 대부분을 말해 주고 있었다. 우리 부부는 이 책을 함께 읽는 것을 계기로 성생활에 대해 서로가 기대하던 바를 조금씩 진실하게 얘기할 수 있게 되었다. 그리고 그렇게 물꼬가 터진 대화는 마침내 마음속에 쌓아 두었던 거절에 대한 두려움과 불신의 담들을 조금씩 허물어 갔고 우리는 성생활이라는 바다를 즐겁게 항해하는 법을 터득하게 되었다.

SS

신혼 초 얼마 안 되는 기간 동안 나는 꽤 답답함을 느끼며 지냈던 것 같다. 남편에게 하고 싶은 말은 가슴에 많이 쌓여 있는데 그게 말로 잘 나오지 않는 답답함이었다. 어떤 말은 남편을 비난하는 말이 될 것 같고, 자존심을 상하게 하는 말이 될 것 같고, 어설피 말하면 내게 되돌아올 화살이 될 것이 뻔하고…….

말을 꺼내서 솔직한 대화의 장으로 나가기 어려웠던 것 중 하나가 '성'에 관한 부분이었다. 그런 부분에서 적극 의사를 개진하는 것이 여성으로서 별로 매력적이지 않을 것 같은—문화로부터 알게 모르게 습득해 버린—의식과 더불어, 관련 어휘들 자체가 생전 입 밖으로 내지 않았던 말들이기 때문이리라. '성'을 입에 올리는 것 자체로 죄의식을 가지게끔 교육받았고 자라왔으니까. 거기다가 결혼 전 교제 시절 스킨십에 대한 고민과 죄의식의 기억까지 더해져서 말이다.

그런 답답함과 숙제들을 안고 「아름다운 애정 생활」을 함께 읽기 시작했다. 우리가 함께 책을 읽을 때는 한 사람이 먼저 읽고 기다렸다가 다음 사람이 읽는 방식이 보통인데 이 책은 침대에 누워 한 권을 가지고 함께 읽는 방식을 택했다. (신혼

부부가 침실에서 한다는 일이 독서라니!) 이것은 매우 탁월한 선택이었다. 책 자체의 탁월함은 물론이거니와 두 사람이 '성'에 대한 한 권의 텍스트를 같은 시간과 공간에서 함께 본다는 방식에서 말이다. 책의 내용과 적절히 조화를 이루는 독서 방식이었다.

이 책은 비닐로 싸인 19세 미만 구독 불가 책이다. "기독교 서적에 '19세 미만 구독 불가'의 책이 있다니?" 적어도 내게는 '19세 미만 구독 불가'란 빨간 딱지가 붙은 책은 모두 불온 서적이라는 고정 관념을 깨 준 책이기도 했다. 그 딱지의 의미는 결혼을 통해서 우리는 진정한 성적 자유를 부여 받았다는 것이기도 했다. 내용 자체가 그리 새롭지 않았다 할지라도 이 책은 우리 부부의 성에 대한 대화에 '자연스러움'이라는 선물을 준 것 같다.

책에서 주는 정보를 가지고 대화를 시작했지만 점점 그 주어가 '나는'으로 명확해지면서 우리 자신의 두려움, 답답함이 서서히 자연스럽게 대화의 주제로 떠오르게 되었다. 정작 남편이 자신의 두려움을 하나씩 내게 말했을 때 내게는 아무런 문제가 되지 않는 것들이었고, 나 역시 두려움을 가지고 남편에게 건넨 말들이 이해되고 수용되는 것을 느낄 수 있었다. 그러면서 한편 우리가 가지고 있던 '성'에 관한 정보가 얼마나 보잘

것없고, 때로는 지나치게 부풀려져 있었는지를 알게 되었다.

구성애의 '아우성'이 아무리 명강의라 한들 자발적으로 읽고 토론하며 참여하는 수업만 하겠나? 세미나식 협동 학습을 통한 성교육! 그거였다. 돌이켜 보면 신혼 초 책 읽기를 통한 정면 돌파는 단지 성 문제에 국한되지 않았던 것 같다. '성'을 부끄럼 없이 이야기할 수 있는데, 삶의 어떤 부분에 대해선들 말할 수 없으랴. 결혼 이후 지금까지 가지고 있는 '진실과 헌신으로 대화하기'의 원칙을 세우는 데 일등 공신은 바로 이 '성 이야기'다. 솔직하고 당당하게 말하는 연습은 특히 내게 참 필요한 훈련이었다. 타인을 배려한다고 하지만 사실은 내 두려움 때문에 밖으로 내놓지 못한 말이 얼마나 많았던가. 이때의 대화는 '상대방이 어떻게 생각할까?'에만 사로잡혀 솔직하게 말하는 것을 회피하고 포기하던 내게 큰 통찰과 용기를 갖게 했다. 결국, 일상의 모든 영역에서 평등한 부부가 되기 위한 훈련은 침실 대화에서 시작되었다.

일상으로서의 성, 놀이로서의 성 : 「야야툰」

ss

나는 늘 유머를 추구하며 수시로 낄낄거리고 깔깔거리길 좋아한다. 근엄하게 드리는 예배 시간에도 내 뇌의 한 영역은 유머를 찾아 활발히 활동한다. 솔직한 대화의 물꼬가 터졌다고는 하지만 순식간에 '성'에 대한 부담감이나 두려움, 막연한 죄책감 등에서 완전한 자유로 옮아가지는 못했다. 특유의 유머 감각이 자유자재로 살아 나오질 못하는 것을 보면 알 수 있었다. 조금씩 자유로워지고 여유가 생겨 갈 무렵 손에 넣게 된 책이 홍승우의 「야야툰」이라는 만화책이다.

이건 적나라한 그림 만화다. 한겨레 신문에 「비빔툰」이라는 만화를 연재하던 홍승우 화백이 신문에 그릴 수 없는 부부 간의 성 이야기를 만화로 그린 것이다. 「비빔툰」에는 결혼을 하고 아이를 낳아 키우는 30대 부부의 일상이 덜함도 더함도 없이 드러난다. 일상이 그렇게 감동적일 수 있다는 것에 매번 보면서 놀라는 만화다. 「야야툰」은 주인공 '정보통'과 '생활미'의 부부 성생활 이야기다. 처음 만화를 펼쳤을 때, 그걸 보는 내 눈을 의심할 만큼 그림이 적나라하고 충격적이었다.

그러나 결혼하고 아이를 키우는 사람들에게는 신문에서 「비빔툰」을 보는 정도의 감흥 이상이 아닐 것이 분명하다. 적어도 내게는 그랬다. 좀 신선한 점이라 하면 다른 부부의 침실을 훔쳐보는 짜릿함 정도일까? 왜일까? 그렇게도 적나라한 그림들이 야하게 느껴지지 않는 것은? 그것은 작가 자신이 「야야툰」에 그리는 성을 「비빔툰」에서 그리고 있는 일상의 연장으로 보고 있기 때문이 아닐까? 이 만화를 보는 우리 부부 역시 '일상의 미학' 범주로 자연스럽게 성을 이해하고 있기 때문일 것이다.

우리와 별로 다르지 않은 30대 부부의 침실을 엿보고 나서는 나는 훨씬 더 여유가 생긴 것 같다. 부부가 함께 재미있게 '공부하던 성'에서 '놀이로서의 성'으로 한 단계 업그레이드되는 계기가 된 것 같다. 그래서 폴 스티븐스는 「영혼의 친구 부부」에서 '성'을 '부부 놀이'라고 표현했나 보다.

JP

익살녀인 아내가 진지남인 내게 그 책을 들이밀던 순간은 잊을 수가 없다. 돈 주고 이런 책을 산다는 것도 그렇고, 다른 부부의 침실을 엿본다는 것도 그렇고. 정직하고 순종적인 내 안의 신앙 목소리는 엄격한 얼굴로 책을 밀쳐 내라고 요구했다. 그렇지만 어느새 내 몸의 일부인 손은 슬쩍 페이지를 넘기고 있었고, 눈은 책 그림을 훑고 있었다. 몸은 거부하지 않은 것이다. 처음엔 곁눈질로 보던 나는 어느새 화장실에 들어가 앉아 낄낄거리며 책을 단숨에 다 보고야 말았다. 죄의식도 없었다. 부부 성도 일상의 소중한 한 부분임을 편안하게 받아들일 뿐이었다. 공부도 그렇고 일도 그렇고 심지어 놀이와 성도 늘 진지하고 의미 있게 하려고만 드는 내게 익살녀인 아내가 권한 「야야툰」은 입에조차 담기 거북한 은밀한 의식이었던 성이 하나님께서 허락한 즐거운 일상의 한 부분임을 새삼 깨닫게 했다.

성찬 예배와 성 : 「영혼의 친구 부부」

JP

교회에서 청년들을 지도하시던 전도사님과 선배 누님이 결혼했다. 은밀하게 데이트를 즐겼던 두 분이 폭탄선언을 한 후 일사천리로 결혼식이 거행됐다. 축복 속에 결혼식을 마친 두 분은 청년들의 부러움을 한몸에 받으며 신혼여행을 다녀왔다.

그리고 이제 두 분은 청년들 앞에 앉아 청문회라는 관문을 통과해야 한다. 여러 질문이 오가고 드디어 모두가 기다렸던 핵심 질문을 누군가 터트린다.

"신혼 첫날밤 얘기해 주세요!"

잠시 침묵이 흐르고 이윽고 전도사님의 입이 열린다.

"손잡고 기도하고 그냥 잤어."

"에에~"

"그럼, 둘째 날 밤 얘기해 주세요!"

"성? 그게 궁금해? 그거 아무것도 아니야. 결혼하면 다 알게 돼. 자, 오늘의 본문은……."

"에에~"

대한민국의 모든 전도사님이 이럴 리야 없겠지만, 성을 너무 거룩하게 여긴 나머지 첫날밤을 손잡고 기도한 후 그냥 잠드는 부부도 있다고 들었다. 아예 신혼여행을 기도원으로 가서 거룩하게 첫날밤을 보냈다는 이야기도 있었다. 부끄러운 얘기지만 사실 나도 그런 생각을 전혀 안 해 본 것은 아니다. 명분으로는 첫 급여를 몽땅 감사 헌금으로 드림으로써 모든 재물이 주님의 소유라는 고백과 유사했지만, 실상 성을 어떻게 해야 할지 몰랐고 두려웠기 때문이었다. 이런 내가 너무 순진하게만 보이는 이들도 있을 터.

성에 대해 건강한 시각을 갖추지 못했던 시절은 내게 수없이 많은 일화를 남겼다. (그러나 그 일화들을 여기에서 다 밝히지는 않겠다.) 어째서 나는 성에 대해서 제대로 아는 바가 없었을까? 성을 금기시하려는 태도가 우선 문제였겠지만 더 큰 문제는 성에 대해 가르쳐 주는 사람이 학교에서건 교회에서건 없었다는 것이다. 그렇다면 성은 부부가 침실에서 실습으로 자연스럽게 터득하면 되는 것일까? 혹 목사님들은 그렇게 믿고 있기 때문에 가르침의 목록에서 성을 생략하는 것인가? 침실 밖에서 침실 안의 일을 가르치는 성경 말씀은 없는 것일까?

결혼 후 "남자가 부모를 떠나 그의 아내와 합하여 둘이 한 몸을 이룰지로다"라는 말의 의미를 깨닫기 위해 자주 골몰했었다. 왜냐하면, 나는 그 의미를 제대로 알아야 결혼 생활도 더 풍부해질 수 있으리라 믿었고, 행복한 결혼 생활을 유지해 주는 키 워드key word가 그 말씀이라고 믿었기 때문이다. 그러나 추측과 상식에만 머물 뿐 오래 묵혀 있다가 이제야 천방지축 나대는 이놈의 성에 대해 나 혼자서는 도무지 그 신비를 풀어낼 재간이 없었다. 누구한테 물어봐야 식상한 대답만 나올 뿐이었다. 정말 내겐 새로운 해석이 절실히 필요했다.

　폴 스티븐스의 「영혼의 친구 부부」를 읽던 중 '성과 한 몸'의 신비로운 함수를 풀 수 있는 열쇠를 발견했다. 저자는 장 바니에의 말을 인용하면서 '부부 성관계'를 감히 '성찬 예배'에 비유했는데, 조심스러운 비유이지만 어느 정도 생각해 볼 만한 점이 있다. 이런 부부를 상상해 보라. 부부는 서로가 서로에게 지은 죄, 예컨대 마음에 쌓아 두었던 분노와 불신, 부당한 권리 행사와 배우자의 소리에 귀 기울여 경청하지 않은 불성실 등을 고백하고 서로서로 용납한다. 진실한 대화를 나눈 후 서로가 서로에게 한 헌신과 애정의 고백을 재확인하며 일치된 마음으로 사랑을 나눈다. 이는 서로에게 가한 죄를 고백하고 용서했음을 축하하는 선물이요 잔치다. 이 시간은 두 사람이 이제 한 몸이요 두 마음이 아니라 한마음이 된 것을 확인하는 시간이니, 이는 영적 성찬식과 유사하지 않은가! 서로가 서로에게 자기 몸을 내어 주고, 헌신을 다짐하며, 투명하게 진실을 보여 주는 과정에서 연합이 이루어지고, 사랑을 돈독케 하니, 거기에 하나님의 사랑이 임재하지 않겠는가!

　폴 스티븐스의 글을 읽는 순간 나는 회한으로 가슴과 얼굴이 후끈 달아오르는 것을 느꼈다. 그간 용납과 받아들임, 고백과 기댐의 과정을 과감히 생략한 채, 곧장 욕구만을 채우려고 했던 내 모습이 천박하게 여겨졌기 때문이다. 진정 성이란 이

토록 고귀한 선물이며 아름다운 일임을 잘 몰랐다는 것이 그저 아내에게 미안하고 부끄러웠다. 꼬여 있고 틀어진 채 음지에서만 활동하던 성을 하나님께서 아름답게 예배로 받아 주실 수 있음을 발견한 것이 얼마나 다행인지 모른다. '한 몸' 된 부부 관계의 신비가 순간 터득되었다고나 할까.

언젠가 부부 관계 후 둘이 꼬옥 안고 가지런히 꿇고 앉아 기도했던 적이 있다. (물론 이례적인 일이니 이상히 여기지 마라.) 돌이켜 보니 그날은 폴 스티븐스의 말처럼 우리는 '한 몸'이 되어 성찬 예배를 드렸던 것이다. 그때 우리는 이렇게 기도했다.

"하나님께서 가장 귀한 선물로 주신 배우자를 제 품에 품게 해 주셔서 감사합니다. 결혼식 날 하나님과 중인들 앞에서 서약했듯 오래 서로 사랑하며 하나님께서 기뻐하시는 부부 되길 원합니다. 아멘."

SS

진지남인 남편의 발견과 고백, 그리고 기도는 부끄럽지만 나도 동감이다. 우리 부부에게 「영혼의 친구 부부」는 '몸과 영혼이 하나 됨'을 한편으로는 더 진지하게, 또 다른 한편으로는 더 즐겁게 추구하도록 격려하며 영혼의 친구 같은 부부로 더

깊어질 수 있는 꿈을 준 것 같다. 그렇지만, 남편의 그때 그 기도 제안은 사실 엄청나게 당황스러웠다. 평소에 별로 기도 안 하던 사람이 왜 하필 이런 순간에……. 이건, 뭐지? 아, 그러니까 그게 성찬 예배를 끝내는 기도? 흠…….

함께 나눠 봅시다

1. 배우자와의 첫 키스 경험을 나눠 볼까요?

2. 부부의 성에 대해서 대화를 나누십니까? 그렇지 않다면 그 이유는 무엇입니까?

3. 성관계가 서로에게 만족스럽지 않다면, 그 이유는 무엇입니까?

3
양육 이야기

JP

나는 결혼한 후 어느 시점부터 '자유'를 상실했다. 편안히 잠잘 자유가 없어졌다. 우아하게 식사할 겨를도 없다. 나는 내 진로를 내 뜻대로 선택하는 데 심한 제약을 받게 되었다. 왜냐하면, '자식' 때문이다. 나는 자녀 둘을 얻는 조건으로 나 개인의 자유를 포기해야만 했다. 그리고 그 자리는 어느새 '책임'이 꿰차고 앉아 버렸다. 밤에 우는 녀석 재워야 할 책임, 밥그릇 뒤엎는 녀석 붙들고 밥 먹여야 할 책임, 아이들을 잘 길러 내야 할 책임 말이다. (이 점에 관해서는 홍승우가 그린 「비빔툰」의 만화 한 컷

한 컷은 내게는 그야말로 '아멘'이다.) 자유를 가져가는 대신 책임을 두고 간 녀석들을 보고 사람들은 '하나님의 선물'이라 부른다. 근데 무슨 선물이 이렇게 사람 힘들게 하냐?

결혼 서약을 한 지 만 4년 만에 보금자리를 다섯 번이나 바꿨고 그 사이 두 아이가 태어났다. 한 번도 계약 기간을 지켜보지 못한 우리의 이사는 아이들과 관계 있다. 첫 번째 이사 때 첫째 채윤이가 생겼다. 두 번째 이사는 채윤이의 양육 때문에 하게 되었고, 세 번째 이사는 둘째 현승이의 출생과 함께 이루어졌다. 역시 양육 때문에, 부모님 도움이 절실히 필요했기 때문에 결정한 일이다. 그리고 네 번째 이사는 아예 부모님과 합치는 이사였다. 아이들 양육 때문이다. 두 번째 이사 때는 육아 관계로 직장을 그만두었는데, 그때 어떤 분이 "아이들 때문에 인생이 꼬이는 거에 대해서 어떻게 생각하느냐?"고 물었던 게 생각난다. 그렇지. 내 인생극장에 자녀가 등장하기 시작하면서부터 내 드라마의 전개는 예상치 못한 각본 수정을 해야만 했다. 분명 내 인생은 내가 시나리오를 쓰고 나 혼자 연극을 하는 게 아니다. 거기엔 여러 인물이 등장하고 영향을 준다. 그 중 으뜸으로 영향을 주는 것은 바로 자녀다. 그렇다면 이 녀석

들을 왜 '하나님의 선물'이라 부르는 것일까? 이 녀석들이 나중에 자라서 내가 자기들 때문에 인생 곡예를 해야만 했다는 사실에, 존경까지는 아니더라도 이해는 해 줄지 미지수인데, 자녀를 '하나님의 선물'이라 부르는 이유는 무엇일까?

이렇게까지만 생각한다면 나는 모자라도 한참 모자라는 철부지 아빠가 되겠지. 일단 아이들은 내가 그런 허튼 생각에 오래 빠져 있을 기회를 주지 않는다. "안아 줘, 졸려, 배고파, 놀아 줘, 쉬 마려워……." 쉴 새 없이 요구하는 아이들은 내가 두 다리 쭉 뻗고 누워 있을 틈을 주지 않는다. 물론 그게 다는 아니다. 비록 피곤한 몸으로 때론 어쩔 수 없어서 응대하다 보면 아이들은 단지 내가 아빠라는 이유로 달려와 안기고, 허다한 사람들 속에서 유독 내 음성을 알아듣는다. 그리고 나를 향해 "아빠!"라고 부른다. 그러면 그제야 나를 짓누르던 책임감은 행복한 선물 보따리로 바뀌고 나는 세상에서 가장 당당한 사람이 된다. 나는 더 부족할 게 없는 사람이고, 더 아쉬울 게 없는 사람이다. 그러니 자녀를 두고 선물이라 함이 마땅한 것 아니겠는가?

채윤이가 두 돌쯤 됐을 때였다. 정다운 목소리로 내게 "아빠!"라고 부르던 날이 생각난다. 종종 듣던 말이긴 했지만 그날 따라 그 소리는 내 영혼의 만족감을 최고조로 끌어올릴 만큼 정겹게 들렸다. 내가 '아빠'라구? 나 김종필이 아빠가 됐단 말이지? 지금껏 이다지도 그윽한 표현으로 나를 부르는 호칭이 또 있었던가! 그 '부름'은 마치 하나님이 나를 부른 듯이 내 영혼을 꽉 채우는 말이었다. 나는 벌떡 일어나 아이를 안고 춤추듯이 뛰면서 "나는 아빠다! 나는 아빠다! 나는 채윤이 아빠다!"라고 외치지 않을 수 없었는데, 나의 자존감을 세워 주고 빛나는 정체성을 확인하게 해 준 아이 때문에 나는 새로운 사람으로 거듭났기 때문이었다. 잊을 수 없는 그때의 경험은 자녀 교육에서 엄청난 인식의 변화를 가져다주었다. '이 아이는 내 자녀다!'라는 인식과 '나는 이 아이의 아빠다!'라는 인식의 차이는 모든 관점을 전혀 새롭게 해 주기 때문이다. 전자의 말로 고백할 때 나는 불안하고 피곤하다. 그러나 후자의 말로 고백할 때는 자신감이 생기고 당당해진다. "나는 채윤이와 현승이의 아빠다! 나보다 훌륭한 사람 있으면 나와 보라고 해!"

결혼하고 몇 개월 후, 아내가 불쑥 할 얘기가 있다고 하면서 자못 심각한 표정을 지었다. 처음엔 대수롭지 않게 생각한 나

는, 아내의 임신 발언에 순간적으로 일어난 현기증(어? 지금 내 감정은 텔레비전에서 본 것과 다른데……, 왜 그럴지?)을 눈치 채지 못하게 다스려야 했었다. 애써 반가운 표정을 지으려다가 이내 두려운 마음을 감추는 데 실패한 나는 곧장 아내의 추궁을 피할 궁리를 해야만 했었다. 애가 생긴다는 소리에 왜 갑자기 두려워졌던 걸까? 배우자를 만나 사랑하다 보니 결혼까지 했고 행복하기 그지없는 나날을 보내기야 했지만 사실 자녀 문제에서 나는 진지하게 마음의 준비를 해 본 적이 없었던 것이다. (지금 내 일로도 벅찬데, 아직 난 준비가 안 됐는데…….) 아빠가 된다는 것이 뭘 의미하는지 나는 어디서 들어 보지도 못했고, 그저 멀게만 여겨지던 거였는데 그게 내 삶의 현실로 뛰어 들어온 것이다. 얄궂게도 그 일은 아내가 내 반응을 떠볼 요량으로 한 거짓말에 (언제나 그렇듯) 내가 보기 좋게 걸려든 꼴이었지만, 그 일로 인해 나는 아빠가 되기 위한 공부 길에 들어서지 않으면 안 되는 처지에 놓였다.

나는 자녀 교육에 대해 특별한 지식을 가지고 있지 않다. 그렇다고 특출나게 지혜롭거나 어린이다운 천진난만한 감각과 재능을 가지고 있는 건 더더욱 아니다. 더구나 아내의 임신 소식에 기겁까지 했으니 내가 어린아이와 꽤 먼 사람이라는 것을 증명한 셈이다. 게다가 내 나이 서른을 전후로 한 시점에서 재능, 진로, 비전 등의 문제로 적잖은 실패 의식과 싸우기에 여념이 없던 때였으니, 자녀 교육은 내게 너무너무 버거운 과제임이 분명했다. 그렇지만 탁월한 유아 교육가인 아내의 요청과 도움으로 나는 자녀 교육에 대해 철저하게 공부하지 않을 수가 없었다.

내가 처음 접한 자녀 교육서는 〈임신과 출산〉이라는 여성 잡지였다. 아내가 매일 숙제 검사 하다시피 확인했기 때문이기도 하거니와, '다 실패해도 좋으니 좋은 가정 만드는 것만큼은 실패하지 말자!'라는 선언도 했었기에 틈틈이 태아와 산모의 변화에 관한 정보를 훑어보았다. 그러다 보니 태아의 변화에 주목하게 되었는데, 이왕이면 애칭을 지어 주는 게 좋겠다 싶어 채윤이는 '푸름이', 현승이는 '기쁨이'라고 불러 주었다. 그리고 어린이용 성경인 「지혜성경」을 매일 조금씩 읽어 주었는데, 그게 계기가 돼서 채윤이와 현승이의 이름은 지혜와 관련하여 붙이게 되었다.

아내의 출산 직전에 읽은 프레드릭 르봐이예라는 의사가 지은 「폭력 없는 탄생」은 출산과 태아에 대해 새로운 관점을 제공해 주었다. 이미 제목이 시사하는 바와 같이 아기들은 폭력적으로 태어난다는 것을 경험적으로 증명한 르봐이예는 아기의 출생 과정 하나하나가 얼마나 어른 중심으로 이루어지는지 그래서 아기들이 얼마나 고통을 받는지 생생하게 고발하였는데, 그 책을 읽고 나니 애 낳는 일이 참 두려운 일이란 생각이 들었다. 해서 될 수 있는 대로 좋은 병원, 생명에 대한 경외심이 있는 의사를 찾아보려고 적잖이 노력했다. 그렇지만 결국 우리 아기들은 인격적이고 우호적인 환경에서 태어나지 못했다. 참 미안하기 그지없다. 우리나라 산부인과에서의 분만은, 적어도 내가 목격한 바로는, 더는 '자연 분만'이 아니다. 인위적으로 무자비하게 끄집어내는 게 아닌가 싶을 정도인데, 막상 아이한테도 아내한테도 도움을 줄 수 없이 무기력하게 서 있어야 하는 남편의 처지가 막막하기 그지없다. 우리 사회가 언제쯤에야 인격적으로 아이를 맞이할 준비를 할 수 있을까? 아! 자녀 얘기는 정말 끝이 보이질 않는구나! 사실 이제 시작에 불과한데 이미 난 내 지면을 다 채운 것 같다. 이제 잡설은 접고 본격적인 자녀 교육론을 아내에게서 들어보기로 하자.

55

"아하! 남편의 글을 읽다 보니 내 작전은 120퍼센트 성공했구먼!"

결혼 전 나는 여성학을 전공할 꿈을 가지고 있었다. 기독교 세계관과 페미니즘 사이에 다리를 놓겠다는 야무진 꿈 말이다. 결국, 정식으로 코스를 밟아 공부하는 길은 가지 못했지만 내 삶에서 '기독교 세계관적으로 살기'와 더불어 '페미니즘적으로 살기'에 대한 밑그림이 생겼다는 것이 어쩌면 더 중요한 일일지 모르겠다.

지금은 많이 알려진 시리즈 "또 하나의 문화"에서 처음으로 만들어진 부정기 간행물의 시리즈 1권 제목은 〈평등한 부모, 자유로운 아이〉다. 이 책은 내게 여성학을 소개해 준 책이기도 하지만 '부모 됨'에 대한 준비를 일찌감치 시작하게 해 준 책이기도 하다. 자녀 교육은 부모 된 내가 내 아이를 대상으로 하는 것이다. 하지만 일정 정도 시대정신을 대물림할 수밖에 없는데, 결국 그 시대정신이란 부모로부터 보고 배우는 과정을 통해 전수받는 바가 적지 않을 것이다. 특별히 '남녀 관계'에 대한 관점은 더더욱 그럴 것이다. 아직 젊던 시절 이 책을 읽으

며 내가 꿈꾼 부모는 다름 아닌 '평등한 부모'였으며 그 기대와 꿈은 계속해서 내 머릿속에서 떠나지 않고 남편과 만나 결혼할 때까지 자라고 있었다. 그런데 막상 결혼해 보니 남편은 평등한 부모는커녕 '부모 됨'에 대해서도 거의 'have no idea'였다. '이 남자를 의식화시켜야 할 텐데······. 책을 좋아하는 사람이긴 하지만 독서에도 자기 스케줄을 가지고 있는 사람이니 섣불리 뭔 책을 들이댈 수도 없고. 그래! 만화부터 시작하자!' 슬쩍 화장실에 〈여성 신문〉에 게재됐던 만화를 책으로 묶어 낸 「반쪽이의 육아일기」를 가져다 놓았다. 아침마다 화장실에 앉아 있는 시간이 길어지기 시작한다. '킥킥킥' 혼자 웃는 소리도 들리고. 어느새 책꽂이에 꽂힌 「평등부부 반쪽이의 가족일기1, 2」를 스스로 가져다가 화장실에 놓고 읽고 있다. '흐흐흐, 1단계 작전 성공!' 여기서 반쪽이는 누구인가? 그렇다! 엄마가 아닌 아빠다! 화가인 아빠가 직업상 집에서 할 수 있는 일이기 때문에 밖에서 일하는 아내 대신 딸의 주 양육자가 되어 키우면서 만화로 그린 육아 일기다. 아내는 영화 평론가이자 여성 운동가라 할 수 있고 만화를 쓴 반쪽이 역시 자칭타칭 페미니스트다. 만화의 내용에서 주는 메시지와 상관없이 우리 사회에서 아빠가 주 양육자로 집에 들어앉아 있다는 사실만으로도 이미 '의식에 환기'를 주고 있지 않은가? 평소 '그리스도 안에서 건강한 가정 세우기'에 대한 꿈에 전적으로 합의하고 있는 남편이기 때문에 그 만화 하나로 '평등한 부모'에 대한 청사진을 스스로 금방 그려 낼 수 있었다. 더는 의식화 교육이 필요하지 않았다. 한번 싹이 나기 시작한 '평등한 부모 되기'에 대한 의식은 이미 그의 의식과 일상 속에서 쑥쑥 자라고 있었으니까.

아직 어린 현승이는 잘 모르겠지만 큰 아이 채윤이는 유난스럽게 아빠를 밝힌다. 특히, 쉬 마려울 때, 안아 달라고 할 때, 졸릴 때……, 말하자면 어른 힘들게 할 일에는 꼭 아빠를 찾는다. 이런 걸 보는 주위 사람들은 "애가 엄마보다 아빠를 더 좋아하네." 하면서 엄마인 나보다 더 민망해 한다. 그러면서 한편, '아무리 그렇다고 아빠가 똥 기저귀 갈고 있는데 엄마는 거들떠보지도 않고 태연하게 수다 떨고 있느냐?' 하는지도 모른다. '기울기에 기울기'라 하였던가? 우리 사회에서 가사와 육아는 이유 불문하고 여자의 일이라는 생각이 상식이라고 기울어져 있는 이상, 상식에 익숙한 눈에 거슬리는 일이 없이 어찌 평등으로 가는 일이 가능하겠는가? 그러자면 저쪽으로 심하게 기울어져 있는 만큼 이쪽으로 기울어지는 껄끄러움이 있어야

어느 정도 중심으로 가지 않겠는가. 그래서 난 언제나 당당하려고 애쓴다. 그리고 이에 동의해 주는 남편에 대해서 진심으로 감사하게 생각한다.

유아 교육을 공부했고 천성적으로 아이를 좋아하다 보니 이런저런 양육에 관한 책을 읽는 것은 예전부터 습관처럼 된 일이다. 양육에 관한 지침서들이 도움되지 않는 것은 아니었지만, 실제 아이를 키우면서 부딪치는 문제와 해결은 결국 내 인격적, 신앙적 성숙에 의존한다는 것을 알게 되었다. 진정한 양육은 부모의 '행위에 의해서'가 아니라 '존재에 의해서'라는 말이 맞다. 어떤 양육서를 읽는 것도 중요하지만 더욱 중요한 것은 부모 됨을 위해서 우리가 계속 공부한다는 것 자체가 큰 의미라는 것을 어느 때부턴가 확신하게 되었다. 그런 의미에서 양육에 관한 전문적인 책보다는 의외의 책을 읽다가 양육에 대한 중요한 통찰을 얻을 때가 있다.

채윤이의 돌을 얼마 남겨 두고 있던 때였다. 일단 우리 부부는 전통적으로 하는 돌잔치는 하지 않기로 하고 의미 있는 기념식을 위해 아이디어를 모으는 중이었다. 돌잔치를 하지 않겠다는 말에 부모님은 벌써 말도 안 되는 얘기라 하시며 이미 적잖은 갈등이 있는 상황이기도 했다. 정말 잔치다운 잔치가 없을까를 고민하던 중 퇴근하는 지하철 안에서 빌 하이블즈^{하이벨스}의 「살아 있는 하나님의 지혜」를 읽다가 번쩍 아이디어가 떠올랐다. 그 책은 잠언을 구체적 삶에 적용하기 쉽게 쓴 강해서 형식의 글이었는데 어느 부분을 읽다가 "무릇 잔치를 하려거든……갚을 것이 없는 사람들을 불러다 하라"는 말씀을 설명하는 부분에서 무릎을 탁 치게 된 것이다. 금반지 한 돈씩 들고 올 수 있는 지인들을 부르는 것 말고, 갚을 것이 없는 사람들을 초대하는 잔치, 바로 그 잔치를 해 보리라 마음먹었다. 우리 부부는 청년부 때 지적 장애인 공동체에서 매달 식탁 봉사를 했던 경험이 있다. 잠시 결혼 때문에 잊고 있었던 그분들을 오랜만에 다시 초대해서 채윤이의 첫 생일을 함께 나누기로 한 것이다. 그건 채윤이에게도 소중한 경험으로 남을 것이고, 우리 가정의 궁극적 지향점을 상징하는 일이라는 생각도 들었기에 주저 없이 진행할 수 있었다. 그렇게 답을 얻어 채윤이의 돌잔치를 치렀다. 채윤이가 자라 자신의 돌잔치에 대해서 물을 때 사진을 보여 주며 해 줄 이야기들에 벌써 설레었다. 그러고 보니 채윤이는 잠언과 인연이 많다. 채윤이를 가질 즈음 남편과 함께 읽던 성경이 잠언이었고, 채윤이 임신해서는 어린이용 잠언 성경인 「지혜성경」을 밤마다 아빠가 읽어 주었고, 한참 입덧이 심할 때 침대에 누워 꼼짝 못할 때 읽은 책이 「살아 있는 하나님의 지혜」이고, 그 책을 다시 읽으면서 돌잔치에 대한 생각을 얻고 말이다.

유명 인사 11인이 자녀 양육에 관한 생각을 자유롭게 쓰고 엮은 「사랑하는 방법을 바꿔라」라는 책을 읽은 적이 있다. 저자는 대부분 중년 이후의 연배들로 그야말로 양육에 산전수전 다 겪은 분들이다. 게다가 박완서, 손봉호, 이원영, 김용택 등 우리 부부가 좋아하는 분들이 저자의 반을 넘으니 그것만으로도 참 좋은 책이다. 양육 초년병으로서 그분들의 경험담을 듣는 일은 언제든 큰 위로가 아니겠는가! 각각의 글은 하나도 버릴 것 없이 다 유익했는데, 특히 다일공동체 최일도 목사님의 글은 오랫동안 마음 한쪽에 남아 여러 생각을 하게 만들었다. 배고프고 외로운 이웃을 위해 젊음을 바치느라 항상 바빴던 아빠 최일도 목사님은, 아이와 친밀한 관계를 맺을 시기를 놓쳐 버린 것에 대해 때늦은 회한과 뼈아픈 고백을 담아 후배들에게 권면하고 있었다. 하나님 나라를 위해서, 이웃을 위해서, 비전을 위해서, 우리에게 주어진 '부모'로서의 책임을 담보로 삼을 것인지 신중히 생각하라고 조심스레 경고했다. 교회일로 바쁜 우리가 걸려 넘어지기 쉬운 일임이 분명했고, 다시금 자녀 양육에 대해 여러모로 관심을 두지 않을 수가 없었다.

우리가 섬기는 교회는 가정 교회라는 소그룹 모임을 한다. 교회를 수십 개의 가정 교회로 나누어 운영하는 방식인데, 그 모임을 다들 '목장 모임'이라 부른다. 매주 금요일 밤에 온 가족이 함께하는 이 모임이 주는 유익은 참으로 많다. 특히나 아이들에게는 더없이 좋은 공동체를 만난 셈이었는데, 많은 언니 오빠 형아 누나가 생겼고 호적에는 나와 있지 않은 큰엄마 큰아빠도 생겼으니 아이들이 매주 목장 모임을 기다리는 것은 두말할 것도 없다.

더 좋은 육아 환경을 위해서 나는 '공동 육아'를 꿈꾼다. 그런 꿈은 먼저 "또하나의문화"에서 출판된 「함께 크는 우리 아이」, 「코뿔소 나들이 가자」, 「놀면서 자라고 살면서 배우는 아이들」 등의 공동 육아 시리즈를 통해서 꾸게 되었고 나는 그 안에서 '더불어 양육하기'와 '그 안에서 자라는 아이들의 자유

로움'을 배웠다. 그렇지만 '자연과 친하게 지내는 아이로 양육하기', '권위로 가르치지 않고 스스로 알게 하는 교육' 등 이런 것들만으로는 뭔가 부족하다. 나는 그 부족분을 브루더호프의 리더 요한 크리스토프 아놀드가 쓴 「브루더호프의 아이들」에서 찾는다. 공동체 교육과 공동 육아의 진정한 의미를 그 책에서 배울 수 있었다. 비폭력과 단순한 삶을 추구하는 국제적인 공동체 브루더호프에서 아이의 양육과 교육을 어떻게 하는지 보여 주는 이 책은 서점에 가면 즐비하게 전시된 수십 수백의 온갖 양육 관련 책들과 바꿀 수 없는 한 권의 책이라 생각된다. 이 책은 내게 이렇게 말해 주었다. "부모의 역할은 단지 의무가 아니라 특권이며, 우리 자녀가 우리를 하나님 그분께 더 가까이 인도할 수 있다"고 말이다. 나는 요즘 밤마다 이유 없이 깨서 울어대는 7개월 아기 때문에 제대로 잠 한 번 못 자고, 외식 한 번 할라치면 밥을 콧구멍에 넣었는지 목구멍에 넘겼는지 모르겠고, 교회는 갔다 왔으나 예배를 드린 기억은 없는……, 눈물 나는 현실이지만 나름 행복하다. 부모 됨이 의무가 아니라 특권이라 하지 않는가. 이 특권 덕분에 아주 잠깐씩 하나님을 맛보게 되지 않는가. 이 또한 부모 됨을 위해 부부가 함께 '독서하고 공부하기' 가 가져다준 유익이 아니겠는가?

함께 나눠 봅시다

1. 내 아이에게 꼭 물려 주고 싶은 것과 결코 물려 주고 싶지 않은 것은 무엇입니까?

2. 아이의 돌잔치를 의미 있게 보내기 위해 했던 시도, (아직 치르지 않았다면) 계획하고 있는 것들은 무엇입니까?

3. 아이가 '내 소유'가 아니라 잠시 맡기신 '하나님의 선물'이라는 것이 당신에게는 구체적으로 어떤 의미입니까?

4
JP&SS
부부 공부 리포트

 "행복한 미혼자는 행복한 기혼자가 되고, 외로운 미혼자는 외로운 기혼자가 된다." 결혼 전, 「크리스천의 연애와 결혼」에서 읽은 한 문장이다. 이 한 문장으로 우리는 미혼의 삶을 어떻게 살아야 할지에 대해 확실한 길을 발견했다. 결혼해서 행복하게 살기 원한다면 '왜 아직 나는 배우자를 만나지 못했을까?' 하는 식의 소모적인 고민보다는 미혼 자체로 감사하고 만족해야 한다고 생각했다. 그럼에도 가끔 '결혼을 위해서 뭔가 준비해야 하지 않을까, 배우자 기도는 어떻게 하지?' 하는 염려들이 고개를 들 때는 결혼에 관련된 책을 읽었다. 그것이 가장 현실적인 준비가 될 것으로 생각했기 때문이다. 과연, 그 말이

옳았다. "행복한 미혼자는 행복한 기혼자가, 공부하는 미혼자는 공부하는 기혼자가 되었다!" 부부가 함께 공동 관심사를 놓고 책을 읽고 나누고 공부하는 쏠쏠한 재미를 본 우리는 '부부 공부'의 전도사가 되기로 작정했다. 주변의 마음 맞는 부부와 함께했던 '부부가 함께하는 독서 모임'에서 얻은 유익은 우리의 결혼 생활에 소중한 자산이 되었다.

작은 시작 – 또래 부부들과 작은 결혼 세미나를 시작

결혼 초 우리는 "아! 수련회 가고 싶다, 성경 공부하고 싶다."는 말을 하곤 했었다. 돌이켜 보면 이건 '소그룹 공동체 금단 현상' 같은 것이었다. 오랜 기간 청년부에서 소그룹으로 모여 성경 공부하고 함께 기도하는 삶에 익숙해져 있던 탓이다. 아니, 인간은 공동체를 지향하도록 지어진 존재 아닌가. 결혼과 동시에 아무런 준비 없이 공동체로부터 떨어져 나와 덜렁 둘만 남겨진 것이다. 생각해 보면 어릴 적부터 교회 안에서 자라온 우리는 한 번도 공동체에 소속되지 않은 적이 없었다. 성경에 결혼하고 1년은 군대도 보내지 말라고 했는데 특별한 휴가를 얻은 셈 치고 맘껏 누리기로 했다. '막 결혼한 사람들에겐

둘만의 시간이 보장되어야 한다. 그 시간을 통해 사랑의 기초를 견고하게 다질 수 있어야 하고, 감정의 파동이 가라앉기 전에 서로 깊이 아는 일에 매진하도록 해야 한다. 고로, 신혼부부 때는 서로 아는 일에 올-인all in해야 한다'는 생각으로 우리 부부에게 특별 휴가를 허락했다.

그러나 아무리 깨가 쏟아지는 신혼이라 해도 '그리스도인 공동체'에 대한 갈증을 채울 수는 없었다. 웬만한 일에는 그렇게 서두르지 않는 JP가 적극 재빠르게 움직이기 시작했다. 상담을 공부하시고 교회 내 부부 세미나를 인도하기도 했던 담임목사님을 졸라서 바쁜 주일 오후 시간을 확보해 내고 막 결혼한 커플들을 모아서 '신혼부부 세미나'를 하게 된 것이다. 제한된 시간 동안 목사님의 강의를 일방적으로 듣는 방식의 세미나였지만 우리를 비롯해 함께했던 부부들이 모두 좋다고 했다. 또래 부부와 함께 한 공간에 모였다는 자체가 좋았다.

이것이 세미나더냐 스터디더냐

목사님과의 세미나를 마치고는 '결혼'과 관련된 책을 읽고 나누는 방식으로 자체 모임을 하게 되었다. 함께 모인 부부들은 성향도 다르고, 부부나 가정에 대한 가치관도 다르고 심지어 왜 함께 책을 읽어야 하는지에 대해서 공감하지 못하는 사람도 있었다. 그러나 막상 시작하고 보니, 최소한의 대화 룰과 조건을 주자 부부들은 마치 텔레비전 아침 방송에 출연이나 한 듯이 그동안 부부끼리만 숨겨 두었던 얘기들을 쏟아내기 시작한 것이다. 주일 내내 밥통 위치를 식탁 위에 둘 것인가 바닥에 둘 것인가를 가지고 싸운 부부가 모임에까지 와서 연장전을 하는가 하면, "왜 내 배우자는 낮에 그렇게도 전화를 안 하는 것일까?" 반면 "왜 쓸데없이 전화해 대는 것일까?" 하는 문제로 편을 갈라 침 튀기며 항변하기도 하고……, 때론 비장하게 때론 격렬하게, 그리고 때로는 눈물을 흘리며 터놓는 얘기들 속에 서서히 진심이 오고 가기 시작했다. 그리고 그 사이에 서로서로 거울이 되고 상담가가 되는 부부 공동체가 되었고, 남의 집 사는 모습을 들여다보면서 한층 자랄 기회도 얻게 되었다.

  맨 처음 시작할 때만 해도 '부부 세미나' 내지는 '북스터디'라는 명칭에 걸맞게 모임 분위기가 참으로 우아했다. 이제 갓 결혼한 사람들이니만큼 나름 커플-룩(couple look)으로 멋을 낸 부부, 손을 꼭 잡고 앉아서 강의를 듣는 부부, 조용하고 우아하고 진지한 것이, '세미나'라는 말이 전혀 무색하지 않았다. 그

러나 때 맞춰 새로 교회에 나온 부부들이 가세하면서 참석 인원이 배로 늘어난 데다가, 하나둘씩 아기들이 출현하면서 '세미나'나 '스터디'라 부르기 곤란한 지점에 이른다. 일주일간 읽어 온 책을 가지고 발제를 하고 얘기를 나누긴 하지만 한 쪽에서는 똥 기저귀 갈고 있는 아빠, 칭얼대는 아기를 안고 일어나 흔들면서 열변을 토하는 엄마, 그러는 사이에 아이에게 젖 물리기 위해 구석을 찾는 엄마, 또 저쪽에서는 장난감 하나 놓고 싸우다가 소리소리 지르며 우는 녀석들. 이런 상황 속에서도 우리의 '부부 공부'는 꿋꿋하게 지속되었다.

그렇게 한두 시간 정신없는 '북스터디'인지 '북 치고 장구 치고 난리 치기'인지를 하고 일어나면 그 바닥은 그야말로 난장판이다. 뒹굴어 다니는 기저귀 뭉치는 쓰레기 봉투 하나를 가득 채울 정도이고, 과자 부스러기, 섞일 대로 섞인 장난감. 휴~우! 이런 난장판은 사실 거기 모인 우리 모두의 일상이었으니……, 그런 일상 속에서 정신을 잃지 않고 살려면 무엇인가가 필요했다. 주일마다 만나서 "너만 그렇게 사는 게 아니야, 이게 우리 삶의 전부가 아니야!"라고 서로 위로하고 격려하는 그런 만남이었다. 사실 이제는 책을 읽고 나누는 내용이야 아무래도 좋았다.

그나마 더는 앉아서 얘기조차 할 수 없는 상태가 되었다. 어른 열 명에 애들은 열여섯 명. 열여섯 개 폭탄이라고 부르는 것이 좋겠다. 언제 터질지 모르고, 터지면 시끄럽고, 터졌다 하면 주변을 초토화하는 폭탄이 열여섯 개. 그러나 스터디는 계속된다. 이제는 아예 여성팀, 남성팀으로 분반하기로 한다. 모임 시간에 아이는 한 팀으로 몰아 준다. 최소한 한 팀이라도 살고 보자는 뜻이었다. 그러다가 한 달에 한 번 정도는 육아에 지친 아내들에게 남편들이 휴가를 주기도 했다. 오후 내내 아빠들이 아이들을 맡아 주고 여성들은 아이들로부터 해방되어 자신들만의 시간을 갖는 것이다. 여성들끼리 나가서 드라이브하고, 차를 마시고, 영화를 보고 얘기를 나누며 육아 감옥에 고립되어 쌓인 것들을 함께 풀어냈다. 그런 배려를 넙죽 받기만 할 아내들이 아니다. 기브 앤 테이크 아닌가? 엄마들이 아기를 보고 있는 사이 아빠들은 함께 운동한다. 아이가 생기면서부터 예배 한 번 제대로 못 드리게 된 (누군가의 표현에 의하면) '행복한 인생의 암흑기'를 지나고 있는 사람끼리 암흑을 헤쳐 나가는 처절한 몸부림이었다. 그 몸부림을 부부 공동체가 어깨를 걸고 해 나간 것이다.

「영혼의 친구, 부부」

 그즈음 「영혼의 친구, 부부」라는 책이 출간되었다. 결혼 초부터 지나치리만큼 '하나 됨'을 위해 공부하고 노력하고 연대했던 우리 부부 아닌가. "우리는 서로에게 영혼의 친구라고 말할 수 있을까?"라는 질문을 가끔 던지던 때였다. 이 책을 통해 중간 평가를 받을 수 있지 않을까 하여 오랜만에 둘이 함께 읽는 것에 합의했다.

 그즈음에 우리 교회는 가정 교회를 시작했고 신혼부부 공동체를 자진 해산하여 새로운 부부 공동체로 들어갔다. 결혼 16년 차에서 막내인 우리 부부까지 일주일에 한 번씩 모여서 교제하고 기도하는 모임이었다. 가정 교회를 시작하여 모임을 하다 보니 재미있는 현상이 발견되었다. 일주일간 살아온 이야기를 나누는 시간. 나눔을 시작할 때의 주제는 방만하나 나중은 하나로 모여지는 현상이었다. 어떤 주제로 이야기를 시작하더라도 결국 끝은 부부 문제! 배우자와 더 많이 사소한 얘기까지 나누고 싶다는 바람, 시시콜콜 필요도 없는 얘기를 왜 자꾸 하라고 하냐면서 할 얘기가 없는데 어쩌라는 거냐며 나자빠지기. 돈을 규모 있게 쓰지 않는 배우자 흉보기, 한 번 사는 인생 왜 그리 쪼잔하게 구질구질하게 살려고 하느냐는 반격. 얘기가 이어지다 보면 공감하는 사람끼리 편을 먹고 답이 없는 논쟁을 하기 일쑤였다.

그리하여 탄생한 모임이 「영혼의 친구, 부부」란 책을 가지고 시작한 '영친부'였다. 이번에는 결혼 10년을 넘은 선배 부부들과 부부 세미나를 하게 된 것. 우리보다 연배가 높은 부부들이라 그런지 역시 책을 읽고 적용하는 것이 달랐다. 갈등을 해결하는 노하우가 소개됐고, 부부가 이루는 멋진 하모니도 자주 연출되었다. 살아온 세월이 짧지 않다 보니 기쁨과 아픔을 다루는 선배들의 솜씨는 우리 부부와 비할 수 없었다. 오랜 시간 내버려 둬서 상처의 골이 깊어진 부부의 어려움을 놓고 말을 멈추고 함께 눈물로 기도하는 것으로 모임을 대신하기도 했다.

바쁜 일상에서 부부 관계를 위해 시간을 떼 놓고 공부한다는 건 쉬운 일이 아니다. 그렇지만 '영친부' 모임을 통해 적은 시간 투자로 기대 이상의 수확을 얻게 된다는 사실을 알게 되었다. 좋은 부부가 되기 위해 공부든 대화든 기도든 공을 들이고 시간을 투자하는 만큼 영적 친밀감이 더해질 것이고, 되는 대로 살아가다 보면 어느새 생겨 버린 부부 사이의 거리는 뛰

어넘을 수 없을 만큼 멀어진다는 지극히 상식적인 사실, 아니 진실 말이다. 부부가 서로에게 영혼의 친구가 되는 것은 그냥 함께 밥 먹고 살아서 되는 것이 아니라는 것이다.

'영친부'를 꿈꾸는 사람들

가슴속에 오래 간직한 꿈은 결국 이루어지는가? 함께했던 이런저런 부부 공부는 유익하고 좋았지만 아쉬운 구석이 없는 것은 아니었다. 처음 교회 또래들과 공부할 때 대체 이걸 우리가 왜 해야 하는지에 대해서도 공감하지 못하는 구성원이 있었기 때문에 함께 가는 길이 버겁다고 느껴질 때도 있었다. 그런 한계에 부딪힐 때마다 우리와 비슷한 생각을 하는 사람들을 만나서 불필요한 에너지 낭비를 하지 않을 수 있으면 좋겠다고 생각했다. '부부의 하나 됨이, 건강한 가정을 세워 가는 것이 왜 중요한가?'에 대한 설명을 하지 않아도 되는, 그런 정도는 당연한 원칙으로 합의하고 가는 만남을 꿈꿨다. 그런데 어느 날 선물처럼 우리 부부 앞에 나타난 것이다.

맨 처음 SS의 직장 동료로 만났다가 양쪽의 부부 넷이 아주 오래된 친구처럼 마음을 나누게 되었고 넷이 함께 영혼의 친구가 되는 여정에 오르게 되었다. 서로에 대한 관심은 누구 남편이 더 좋은 남편인가? 여기서부터 시작했던 것 같다. 남편들끼리 얼굴을 마주하고 인사도 나누기 전, 아내를 통해서 서로의 얘기를 들은 남편들은 서로서로 은근히 '내가 지존이다'며 경쟁을 했다. 그쪽 남편이 어느 날 욕실에서 와이셔츠 손빨래를 하다가 말고 갑자기 아내에게, "여보! 여보! 김종필도 빨래한대?" 하고 소리쳤다고 하더라. 이런 선한 경쟁심을 가지고 한 번 두 번 만남을 이어 갔다. 아이를 데리고 가족이 만나 식사하고 함께 공원에 가서 노는 그 이상의 만남이었으면 하는 욕심이 생겼다. 선한 욕심이니 실행을 하자!

구의역에 있는 어느 카페 세미나실. 우리는 여기서 "영혼의 친구, 부부" 되기를 꿈꾸는 또 하나의 우리를 만난다. 어떻게든 아이들은 떼놓고 넷이서 만난다. 아직 어린아이들을 어디든 맡기고 함께 시간을 낸다는 것이 너무도 어려운 일이지만 그럴 가치가 있기 때문에 온 힘을 다했다. 마주하고 앉으면 읽고 온 책은 그저 텍스트일 뿐, 곧장 얘기의 주제는 텍스트를 넘어 각 부부의 내밀한 이야기로 향한다. 때로는 상대 부부를 관객으로 앉혀 놓고 공개적으로 부부 싸움을 하기도 한다. 신뢰하며 들어주고 사랑으로 바라봐 주는 친구들 앞이기에 가능한 일이었을 것이다. 남편을 향해 섭섭함을 토로하며 높아진 목소리가 어느새 차분해지고, 딱딱하게 굳었던 마음은 떨어지는 눈물 한두 방울로 젖어든다. 하나 됨을 가로막는 나의 연약함이 오래되고 고질적인 '죄성'임을 고백할 때는 함께 기도할 수밖에 없었다. 이것은 그대로 치유 공동체였다. 그리고 헤어져 돌아오면 서로의 부부를 위해 뜨거운 기도를 하지 않을 수 없다. 그리고 언제든 서로의 부부 관계를 챙기고 들어주고 기꺼이 개입해 주며 마음을 써 준다.

우리 부부에게 어려움이 닥칠 때마다, 그러니까 대화로도 공부로도 잘 해결이 안 될 때, 이들 부부는 만남 자체만으로 위로가 되고 힘이 된다. 왜일까? 같은 꿈을 꾸는 영혼의 친구이기 때문일 것이다. 이런 부부를 친구로 사귈 수 있다는 것은 선물이며 은총이 아니고 무엇이랴.

"결혼해서 지지고 볶고 살면 되는 것이지 참 유난을 떤다. 우리는 그런 거 안 하고도 잘만 사네." 가끔 그런 식의 얘기를 듣는다. 물론 그렇게 사는 부부들을 전혀 못 본 건 아니다. 그러나 적어도 우리 부부에게는 앞으로 우리 삶의 행복과 불행을 결정할 가정의 기초를 잘 다지는 일이 그 무엇보다 소중하고 중요한 주제다. 이 기초가 하나 둘 제자리를 찾아 놓일 때, 둘이 하나 되어 이웃을 더 잘 돌아볼 수 있고, 또 이 땅의 시민으로서 더 잘 살아갈 수 있게 된다고 믿는다.

    부부는 결혼하는 순간 '하나 됨'을 선언하지만, 선언된 '하나 됨'은 죽음으로 헤어지는 날까지 이뤄 가는 것이다. 사랑해서 결혼했다 하여 저절로 하나가 되지 않는다는 것이다. 서로에 대해서 적당히 포기하고 더 이상은 가까워지지 않는 평행선을 달리며 10년이고 20년이고 사는 부부가 얼마나 많은가. 서로 이해하고 서로 받아들이고 부부만의 매력적인 색감을 갖기 위해선 많은 노력과 헌신이 필요하다. 우리는 그것을 '공부'라고 이름 붙였다. 공부 방법은 부부마다 다를 것이다. 가정을 세우는 신혼 초에 부부 공부에 집중해 보는 것, 해마다 부부 공부를 갱신해 나가는 것, 영혼의 친구 부부 되기를 꿈꾸는 것, 가장 중요한 한 가지를 붙드는 일이리라. 그렇게 해서 하나 된 부부의 삶은 그 자체로 복음의 증거가 될 것이다.

함께 나눠 봅시다

1. 두 사람이 결혼하기까지 긍정적 영향을 미친 부부가 있습니까? 또는 롤 모델로 삼고 있는 부부가 있습니까?

2. 데이트 시절부터 지금까지 둘이 함께 책을 읽거나 큐티 나눔을 한 경험이 있다면 나눠 봅시다.

3. 지금의 부부 모임에 대해 어떤 기대를 하고 있습니까?

PART 2

결혼, 살다

하나가 되는
수고로움

우리는 신혼 초에 서로를 알기 위해 지나치리만큼 집착했던 것 같다. 결혼해서 살다 보면 자연스레 알아 가는 것을 가지고 유난스럽게 군다는 직접적인 핀잔과 간접적인 눈총을 받기도 했다. 그렇지만 우리는 확신한다. 배우자에 대해서 더 잘 알수록 행복한 결혼으로 한 걸음씩 더 나아갈 수 있다고. 더 잘 아는 것은 더 잘 사랑하는 길이라고.

암튼 서로 더 잘 알기 위한 시간과 여유를 확보하기 위해서 혼수를 준비할 때 텔레비전을 사지 않았고, 최소한 1년간은 아기를 가지지 않기로 하는 등의 물리적인 노력을 했다. 이런 원칙과 더불어 칼 융^{Karl Jung}의 심리학과 그것을 기초로 만들어진 성격유형검사^MBTI와의 만남은 서로 이해하고 받아들이는 데 참으로 많은 도움을 주었다. 그 성격유형검사에 따르면 우리 부부 JP와 SS는 정반대 유형이다. 비슷한 점이 많은 줄 알고 연애하고 결혼했지만 정작 뚜껑을 열어 보니 하나부터 열까지 다 달랐고, 그나마 같은 점이라 할 수 있는 것은 기독교 세계관에 대한 동의, 건강한 가정에 대한 꿈 등 그야말로 몇 가지 근본적인 원칙들뿐이었다. 그러나 그런 다른 점을 적극 찾아내어 이해하려고 애쓰고 이해시키려 애쓰는 과정은 둘이 하나 되는 과정에 가속도를 붙여 주었다. 무엇보다 서로 이해하고 알아가는 과정에서 자신을 알게 되었으니 이보다 더 큰 은총이 있겠는가.

 이러한 내용을 힘주어 말하고 싶은데, JP는 명시적인 분명한 설명을, SS는 개개의 일화와 갈등 해결 과정을 재밌게 나열하는 것으로 독자들이 알아 가도록 하는 글쓰기를 원한다. 이와 더불어 두 사람 처리 방식이 매우 다른 탓에 이번 장은 싸우고, 삐치고, 말 안 하기 등의 온갖 종류의 갈등 양상이 다 나오고 말았다. 싸우고 싸우다 보니 이 글이 정리되어 나온 것인가, 이 글을 쓰기 위해 매우 어려운 싸움을 한 것인가.

55

신혼여행을 갔다 와서 시댁에서 처음으로 식사하는 자리였다. 아직은 피차 익숙하지 않은 관계들이니만큼 긴장된 상태에서 식사하고 있었다. 딸그락딸그락 숟가락 움직이는 소리만 내면서 식사를 하다 남편과 눈이 마주쳤다. 헉, 조용히 그야말로 조용히 남편이 쌍코피를 흘리고 있는 것이 아닌가? '아니, 신혼여행 가서 뭘 그렇게 무리를 하셨다고 쌍코피가 터져! 이걸 웃어야 하나 말아야 하나? 시부모님 앞에서 이게 뭔 일이람?' 터져 나오는 웃음을 틀어막고 있는데 더 당혹스러운 건 시부모님의 반응이었다. 아버님은 표정 하나 변하지 않으시고, 어머님 역시 그리 다르지 않은 표정으로 "코피 난다. 휴지 갖다 닦고 먹어라." 하시며 이내 조용히 국물을 뜨신다. 그리고 그날 오후, 시어머님은 조용히 혼자 나가셔서 남편의 보약을 지어 오셨다.

같은 상황이 우리 친정집에서 일어났다고 가정해 보자. 이미 식사 시간이 그리 조용하지도 않았을 테지만 신혼여행 갔다 온 신랑이 밥 먹다가 쌍코피가 터졌다! 이건 밥상이 뒤집어질 일이다. "신혼여행 가서 뭔 일 있었냐? 살살 하지 그랬냐? 보약 좀 먹어야겠다" 등등 온갖 놀림과 낄낄거림으로 난리가 났을 일이다.

내향형 남편과 주로 내향형인 시댁 식구들, 그리고 언제나 시끌벅적한 외향형 우리 가족과 그 사이에서 자라온 나. 나로서는 시댁의 그 조용함과 정적이 쉽게 적응되지 않는 것이었다. 그래서 처음에는 '우리 시댁은 가족 관계가 영 서로들 안 좋은가 보다. 우리 집만큼 화목하지가 않은가 보다.' 하는 선입관을 가지고 있었다.

가끔 남편과 함께 결혼식 축가를 불러 달라는 부탁을 받는데 그때마다 우리는 갈등이었다. 내게는 그런 일이 그냥 하면 되는 일이다. 오히려 즐거운 일이다. 헌데 남편은 그때마다 "안 하면 안 되나?" "내가 기타 쳐 주고 당신 혼자만 부르면 안 되나?" 하면서 함께 있는 사람까지 자신을 잃을 정도로 부담스러워 하는 것이다. 나로서는 이해되지 않는 일이었다. '예전에 안 해 본 일도 아닌데, 할 때마다 이래야 하나?' 이 일로 인해서 피차에 쌓아 둔 스트레스 때문에 결혼식 축가 한 번 부르고 12시가 넘도록 싸운 적이 있다.

정기적으론 아니지만 가끔 혼자 있는 시간을 위해 훌쩍 떠나야 하는 JP. 한 문장을 말하기 위해 천 개의 단어를 떠올리

고 검증하는 사람처럼, 말을 하려면 "어……그……" 하면서 발동을 걸어야 하는 JP. (그래서 내가 준 별명이 '7초'이다. 말이 나오기까지 걸리는 시간이다.) 내가 열 마디를 쏟아 내면 한 마디 정도 할까 말까 하는 JP.

이 모든 것이 남편을 진심으로 이해하는 첫 단계에서 풀어야 할 숙제였다. 알고 보니 남편과 나는 에너지의 흐름이 다른 거였다. 나는 에너지가 외부로 향하지만 남편의 에너지는 내면을 지향한다. 그래서 나는 사람들 만나고 대화하면 에너지가 업up되는데 남편은 조용히 자신만의 시간을 통해서 정신적 에너지를 충전하는 것이고. 그래서 자신만의 시간과 공간을 확보해 주는 것이 남편을 위한 최고의 배려였다. 어휴! 말이 쉽지. 같은 집에 살면서 조용히 시간을 보내고 있는 남편에게 말 안 걸기가 내게는 얼마나 힘든 일인지…….

조금은 짐작하던 바이지만 결혼하고 나서 본 이 남자는 여기 아닌, 저기 그 나라에 사는 사람이었다. 한마디로 내 보기에 현실 감각이 부족했다. 구체적으로는 경제 개념이다. 도대체 은행 업무나 카드 사용에 대해서는 완전히 까막눈. 신혼 초 두세 가지 은행 일을 한 번에 남편 혼자 처리하러 간 적이 있다.

밥 먹으며 신문 보는 일처럼 아주 단순한 일을 동시에 하는 정도의 업무였다. 맡겨진 임무를 성공적으로 수행했다며 자랑스럽게 돌아왔는데 내 참! 기가 막혀서……. 정작 가장 중요했던 25만 원 입금하는 일을 빼먹었을 뿐 아니라 돈을 잃어버리고 온 것이다. 그 단순한 은행 업무가 얼마나 버거운 일이었으면 창구까지 분명히 가져간 돈을 언제인지도 모르게 잃어버리나? 이뿐인가? 카드 사용에 대해서는 그렇게도 설명했건만 카드로 돈을 찾는 것과 현금 서비스 받는 것도 잘 구분이 안 되며 카드 얘기만 나오면 자다가 봉창 두드리는 소리 하기가 일쑤다.

함께 생활해야 하는 상황에서 답답하기 그지없었다. 어떻게 저렇게 설명해도, 설명해도 못 알아듣는 것일까? '난 이거 완전히 결혼 잘못 한 거 같아. 책밖에 모르는 양반의 후손을 만나서 삯바느질하면서 가정을 꾸려 가게 생겼어!'

문제는 그거였다. 나는 시각, 청각 등의 감각을 통해 정보를 받아들이는 편인데 남편은 사실에 대한 의미를 정보라 여겨 가져가는 것이다. 그래서 어떤 방식으로든 의미가 부여되지 않는 일은 아주 단순한 것이라도 자신의 정보로 소화하지를 못하는 것이었다. 그걸 알고 나니 답은 간단하다. 꼭 이해했으면 하는 것에 대해서는 차분히 '의미'를 설명하는 것이다. 일단 의

미 부여만 되면 아무리 복잡한 내용이라도 공부하고 연구하여 독학으로 알아내는 것이었으니. 물론 혼자만의 시간을 주는 것은 기본 옵션이다.

가정의 영적 가장이 꼭 남편이어야 한다는 생각에 붙들려 믿음 좋다는 아내들이 힘들어 하는 것을 종종 본다. 남편이 가정의 영적인 비전을 제시하고, 가정 예배를 인도하고 그랬으면 좋겠는데 그게 되지 않아서 닦달하게 되고 갈등의 불씨가 되는 것이다. 우리는 가정의 영적인 가장은 두 사람이 함께하기, 또는 더 재능 있는 것에서 리더십의 역할을 분담하기에 합의한다. 그런 의미에서 우리 집의 비전 파트 가장은 남편이다. 남편은 나무^{구체적 사실}보다는 숲^{의미, 비전}을 보는 데 탁월하니까. 나는 실무 파트의 가장. 남편이 비전을 제시하면 내가 이런저런 아이디어로 그 비전을 현실화시키는 역할을 하면 나름 완벽한 리더십의 통합이다.

JP

서로 다른 두 사람이 만나 온종일, 일 년 내내, 한평생을 함께 살 것을 서약한다. 할 수 있는 한 가장 거룩하고 가장 진실하게 그리고 가장 비장하게 서약문을 낭독한다. "죽음이 우리를 갈라놓을 때까지, 진실과 존귀함으로 서로 사랑하겠습니다." 결혼식이 거행되기 전까지 '결혼식' 준비는 힘들었지만 이제 곧 펼쳐질 환상 같은 '결혼'을 꿈꾸며 신랑 신부는 사랑의 띠를 곱게 수놓고 굵게 땋아 간다. 그리고 드디어 마지막 순간, 주례자의 입은 마치 하나님 음성인 듯 하나님과 사람 앞에 선 두 사람의 하나 됨을 선포한다. "이제 두 사람은 부부가 되었습니다. 하나님이 짝지어 주신 것을 사람이 나눌 수 없습니다." 쿵! 쿵! (내 심장이 놀라 뛰는 소리) '아니 이게 무슨 말이야? 사람이 나눌 수 없다고? 죽을 때까지 이 여자와 떨어질 수 없다고?' 갑자기 하늘에서 엄청나게 무거운 족쇄가 쑥 떨어지더니만 내 몸을 꽉 조여 오는 듯하다. '아휴! 조금만 더 늦게 할 걸, 내가 왜 이리 결혼을 서둘렀던고……'

그때 그 느낌은 사실 두고두고 잊히지 않는다. 그 느낌의 실체를 완벽하게 복원해 내지는 못했지만, 이제 와 추측해 보건대, '나의 자아'가 '다른 자아'와 만나 새로운 '공동의 자아'를 만들어 내라고 요구하는 결혼의 특성 때문이리라. 내 행동 양식은 공동의 양식으로 바뀌어야 하고, 내 자아 인식과 세계관도 두 사람이 공유하는 자아 인식과 세계관으로 바뀌어야 한다. 그녀는 내 안에 들어오고, 나 역시 그녀 안으로 스며들어 간다. 그 과정이 원활하여지기 위해 내 습관과 행동, 내가 생각하는 나에 대한 인식, 나만의 사는 방식, 어쩌면 내 전부를 수정해야 할지도 모른다. 만약 과거의 나를 고집스럽게 유지하길 원한다면 나는 결코 결혼을 행복하게 영위하지 못할 것이다. 즉, 결혼은 새로운 사람으로의 거듭남을 요구하는 셈인데, 만약 그걸 거부한다면 결혼은 그 궁극적 목적인 '영혼의 하나 됨'으로 완성될 수 없다. '마음의 하나 됨' 역시 어림없다. 최악은 '육체의 하나 됨'도 쉽지 않으리라! 확연하게 알 수는 없었지만 나는 본능에 따라 이런 원리를 결혼 제도 속에 제정해 놓으신 하나님 뜻과 직면한 것이 아닌가 싶다. 나는 성혼 선포의 엄중한 요구를 들으며 나를 개방할 것이냐 아니면 나를 고수할 것이냐를 놓고 짧은 순간이나마 괴로워했던 것이다. 즉, 새로운 자아를 거부하면서 과거의 나를 고집스럽게 유지하며 살 것인가, 아니면 나를 개방하여 아내와 함께 새로운 사람이 될 것인가의 문제이니, 아! 결혼의 요구 앞에 나를 살리느냐 죽이느냐, 이것이 문제로구나!

내가 보기에 아내는 오버를 잘한다. 아마 자신의 경험을 생생하게, 느낌이 팍팍 살아나도록 표현하고 싶은 (선천적?) 의도로 그런 대화 스타일을 가지게 되었지 싶다. 처음 그 사실을 알아채고 점차 반복적으로 그것과 부딪히자, 불경스럽게도 나는 아내를 의심하기 시작했다. '아내는 정직하지 못하구나. 사실을 사실대로 전달하거나 표현하지 못하고 자기중심적으로 해석해서 과장되게 포장해서 전달하는구나! 오! 이를 어쩔꼬!'라는 생각을 했던 것이다. 그리고 그 표현이 사람에 대한 것으로 나타날 때, 나는 참아 내지 못했다. 예를 들면 이런 표현들이다. "당신은 내가 말하면 한 번도 제대로 들어주는 적이 없어." (한 번도?) "나는 그 사람이 그렇게 말할 때 너무너무 싫어." (지난번엔 좋다고 해 놓고!) "나는 절대 아니야. 진짜야." "당신은 정말 맨날 맨날 그런 식이야." (맨날 맨날이라니!) "나는 당신이 이렇게 해 주면 정말 좋아!" (절대 아니면 정말?) 아내의 이런 패턴이 더욱 선명하게 드러나고 내 대화의 패턴과 서서히 대립하기 시작했을 때, 나는 아내가 그렇게 말하게 된 배경이나 나의 원인 제공에 대해서 생각하기보다는 더 자주 아내의 발언과 의도를 문제 삼기 시작했다. 나는 이 문제를 어떻게 풀어야 할지 고민은 했지만, 방향을 잡는 지점에서 NG가 나곤 했다. 대개 내가 선택한 방법은 둘 중 하나다. '그냥 참아 버려? 아니면 지적해 줄까?' 그렇지만 내가 아내의 문제들을 조

목조목 얘기하면 아내는 자동으로 거부하거나 아니면 반대로 내 문제로 돌려 버린다. 그러면 아니 함만 못하다. 상황이 더 나빠질 뿐이다. 반대로 아내의 문제에 무반응, 침묵으로 일관하면 그건 또 그것대로 무시한다고 불평한다. 나는 이러지도 못하고 저러지도 못한다. 왜냐하면, 아내는 이래도 화낼 것이고 저래도 화낼 것이니.

부부 사이에 스타일이나 기질 차이 때문에 갈등이 생길 때, 상대방만이 아니라 자기에게도 일정 원인이 있을 수 있다는 사실을 수용해야 한다. 말은 참 쉽지 않은가? 실제 결혼 현실에서는 왜 그게 그렇게 어려울까? 수없이 많은 시행착오를 거쳐 이제야 우리는 제대로 된 대화를 한다. 난해한 시를 해석해 낸 것처럼 복잡한 아내의 태도들이 읽히기 시작한다. 청소를 몰아서 하는 이유, 하루에 수도 없이 전화하는 이유, 좋고 싫음이 분명한 이유, 앞에서 거절 못하고 뒤에서 열 받아 하는 이유 등등. 드디어 아내의 말과 행동에서 행간이 읽히기 시작한다. 반대로 잠이 많은 나, 말귀를 잘 못 알아듣는 나, 칭찬을 잘 못 하는 나, 백화점을 싫어하는 나 등등, 내 숨은 의도를 아내는 귀신처럼 알아맞힌다. 더는 위장해 봐야 서로 우습기만 할 뿐 우리의 속마음에는 어느새 서로의 분신이 들어와 앉아 있다. 그러다 보니 때때로 내 모습을 통해 아내가 느껴지고 아내의 말 속에서 나를 느끼게 된다.

어느 때부터인가 결혼식 그날 쿵 하고 채워졌던 족쇄가 풀린 듯, 결혼이 내게 가볍고 자유스러워졌다. 족쇄가 풀렸는데 아내와의 마음 거리는 그때보다 더욱 가까워졌다. "나는 결혼한 것이 너무너무 좋다. 왜냐하면, 내 아내는 한 번도 나에 대한 사랑을 포기하려고 한 적이 없다. 내가 지금 하는 말, 진짜로 하는 말이다. 왜냐하면, 하나님께서 짝지워 주신 아내와 살다 보니 나도 이제 과장하는 맛을 진짜 진짜 알게 됐기 때문이다. 이 신비가 맨날 맨날 계속되도록 나는 정말로 노력할 것이다."

나는 하나님 사랑, 이웃 사랑의 지고한 명령을 건강하게 통합한 사람의 진정성은 '결혼 관계'를 보면 알 수 있다고 생각한다. 하나님 사랑을 외치는 자가 자기 아내를 사랑하지 못하면 울리는 꽹과리 소리가 되기 쉽고, 이웃 사랑에 몸 바치는 자가 자기 아내를 존중하지 못한다면 이 역시 공허한 수고에 지나지 않을 것이기에 그렇다. 그런 사람은 결국 '하나님을 제대로 모르는 사람'이라라. 왜냐하면, 한 개인의 첫 번째 타인^{이웃}이 곧 배우자이기에 그렇고, 그 타인은 결혼 때문에 바로 자기 자신과 동등한 사람이 되기 때문이다. 배우자와의 사랑과 일치는 공동체의 기초를 이룬다. 각자의 고유하고 독특한 인격이 상호 존중받고 사랑스럽게 수용될 때 공동체는 시작되고, 진짜 교회가 형성되며, 제대로 된 자녀 양육도 가능해진다.

SS

주일날 예배와 모든 순서가 조금 일찍 끝났다고 생각되는 날, 나는 갑자기 공짜로 생긴 시간을 쪼개서 한 건 해 보려고 '흑석동^{친정} 갈까?' 하고 제안한다. 그럴 때 남편의 반응 "그래? 그러고 싶어?" 한다. 남편이 말하는 '그러고 싶어?'는 '싫다'는 뜻이다. (이건 JP 중독 1년 차 때 이미 파악한 것이다.) 그럴 때마다 내 해석은 '이 사람이 우리^{친정} 집을 싫어하는구나!'였다. 어떤 때는 문득 부탁할 일이 있어서 전화하거나 말을 건네면 짜증스럽다는 반응이다. 그것 역시 날 돕기 싫어하는 것으로 생각했다. 또 사람이 너무 차갑고 친절하지 못하다는 생각에 기분이 상하기도 했다.

헌데 남편은 계획된 시간 사용이 중요한 사람이었다. 계획

된 대로 일이 진행되어야 편안하고 갑자기 돌발적으로 생기는 일에 대해서는 당혹스럽단다. 반면 나는 계획이 달라지는 것이 오히려 즐겁고 늘 비슷하게 예측할 수 있는 방식으로 일어나는 일들이 불편하다. 학교 다닐 때는 모든 리포트를 거의 제출 전날에 밤새우는 것으로 해결했고, 시간을 다투는 마지막 순간에 아슬아슬하게 일을 처리하며 짜릿함을 느낀다. 우와! 남편의 리포트 쓰는 방식을 보면서 나는 존경하지 않을 수 없다. 최소한 2주 전부터 자료를 모으고 일주일 전부터는 말도 현격하게 없어지면서, 수염이 덥수룩해지고 거의 도사님 수준으로 몰입한다. 그리고 하루 전, 나 같으면 숙제를 시작할 시간쯤에 이미 리포트는 완성되어 프린트되고 있다. 말이 그렇지 그 2주간 거의 가정을 포기하고 자기 일로 빠져 들어가는데 이런 일은 반복해서 당해도 잘 적응이 되지 않는 것이다. 즉, 그런 식으로 차근차근 일하는 방식이—내가 일을 몰아서 할 때 느끼는 자연스러움처럼—남편에게는 편안한 방식이란 걸 머리로 안다 해도 마음으로 공감하기는 어려운 일이다. 그건 나를 보는 남편의 처지에서도 다르지 않은 어려움일 것이라 생각한다.

이뿐 아니라 아직 우리에게는 애써 이해해야 하고 이해가

되지 않아 그저 참아 내야 하는 것들이 무수하다. 그리고 그런 과정에서 자주 실패하기도 한다. 이 남은 숙제들을 하나씩 하나씩 해결해 가는 과정은 사랑을 완성해 가는 과정이라고 믿는다. 최소한 서로의 다름을 인정하고 그 다름 때문에 갈등이 생길 때마다 또다시 이해하고 수용하려는 노력을 포기하지 않을 때, 결국 이 글을 포기하지 않고 쓰게 된 것처럼, 더욱 풍성한 결혼의 열매를 누리리라고 기대한다.

 함께 나눠 봅시다

1. 부부가 척척 맞는 비슷한 점은 무엇입니까? 반대로 다른 점은 무엇입니까?

2. 나의 어떤 모습이 배우자를 힘들게 한다고 생각합니까?

3. 배우자의 장점은 무엇이며 그 덕분에 내가 얻는 유익은 무엇입니까?

6

냉정과 열정 사이
싸움의 법칙

JP '냉정'이 시작하기를

누군가 내게 사랑이 무어냐고 물으신다면, 나는 '사랑이란 오래 기다리는 마음'이라고 말해 준다. 아내의 응답을 기다리며 시커멓게 타들어 가는 가슴을 부여잡고 견뎌 내야 했던 긴 시간. 내게 있어 사랑은 기다리는 것이다. 그런데 기다리는 것도, 오래 참는 사랑도 끝은 있어야 할 것 아닌가. 개선될 기미는 보이지 않고 아예 어떤 패턴이 반복된다고 느껴져 무기력감을 느낄 때도 있다. 패턴이라 함은 이런 악순환을 말한다.

내가 무언가 실수를 한다. (나는 모르고, 아내는 안다.) 그것이 반복되면 아내는 참다 참다 침묵으로 시위한다. (그걸 좋게 말하지. 왜 그리 참느냐 말이다.) 대충 실수와 잘못을 감 잡은 나는 사과한다. 아내는 그 정도의 사과에는 꿈쩍도 하지 않는다. 나는 그로부터 '인내'를 학습한다. 얼마의 시간이 지난 후 아내는 단호한 결심을 한 듯, 그간의 내 문제와 자신의 고충을 털어놓고 승부수를 띄운다. 나는 더 이상의 악화를 막기 위해 동의할 수 없는 부분이 있어도 (이러다 이 여자가 짐 싸들고 도망갈까 봐!) 무조건 잘못했다고 말한다. 어느 정도 화해의 분위기가 됐다 싶으면 서둘러 육체적 하나 됨으로 사태를 마무리 짓고 다 해결된 듯 안심한다. 그러나 아내는 다 해결되었을까? (남자는 그렇게 생각한 듯, 여자는 그렇지 않은 듯.)

아슬아슬 신혼을 즐기다가 나의 실수는 반복되고 아내는 어느 날 또다시 침묵의 세계에 빠지고, 나는 또 사과하고……. 말하자면 대충 이런 패턴이다. 이런 패턴이 반복되다 보니 인내의 한계 끝에 여러 의문이 고개를 든다. "와이프에게 너무 잘해 주지 마라. 처음부터 버릇을 잘 들여야 한다." 했던 선배의 말이 진리 아니었을까? 도대체 언제까지 어디까지 이해해 줘야 하는 거야! 이거 원, 내가 자기를 이해하지 못하고 있다는

불만뿐이잖아. 나는 뭐 속 터지는 일이 없는 줄 알아? 누군 뭐 싸울 줄 몰라서 이러나? 아, 가정의 평화를 위해서 계속 이렇게 참아야 하는 건가? 나만 참으면 되는 건가?

    나는 '미안해'라는 말을 꽤 잘 쓰는 편이다. 원래 타고난 '평화주의자'여서 그런지, 갈등이 생기면 내 편에서의 원인 제공에 대해 즉각적으로 살피는 버릇이 있고, 인정된다 싶으면 바로 미안하다고 말한다. 불필요한 갈등으로 비화시키지 않고 조기 진화 성공률이 높다는 장점이 있다. 그러나 문제의 본질 속으로 들어가지도 않고 외면적 평화를 진짜 평화로 착각할 때도 적잖이 있으니 그것은 문제라면 문제다. 그나저나, 정말 이해할 수 없는 일이 있다. '미안해'라는 말이 가져다주는 화해와 평화의 미학을 모를 일이 없을진대, 어째서 아내는 이 단어를 쓰지 않는 것일까? 그뿐 아니다. 내가 하는 이 말의 진정성을 어찌 그리 쉽게 의심한단 말인가? 해결의 실마리로서 꼬인 대화의 물꼬를 트는 말로 '미안해'만큼 좋은 용어가 없는데, 어째서 아내는 완전한 화해의 뜻으로만 이 단어를 고집하는 것일까?

55 '열정'이 받아치기를

"여보! 미안해." 으~ 오늘도 또 듣는 '여보 미안해'. 대체 그렇게 쉽게 미안한 게 깨달아지는 실수를 왜 반복하지? 미안하다고? 진심으로 미안하다고 생각하긴 하는 거야? 내가 어린애인 줄 알아? 미안하다는 말에 내가 마음 풀고 얼음 땡! 해 줄 줄 알고? 치! 흥! 뭐야? 당신은 그렇게 인격이 훌륭한 사람이야? 둘이 생각이 달라서 생긴 문제에까지 왜 자기가 먼저 잘못했대. 잘난 척하는 거야?

나는 천성적으로 싸움을 못한다. 일단은 분노에 차서 소리소리 지르면서 무식하게 싸우는 싸움은 고사하고 정말 싸움이 필요할 때조차도 말이다. 물론 싸움을 못한다고 착한 사람일 리 없다. 싸움을 못하는 대신 뒤에서 호박씨 까는 것으로 싸움 그 이상의 에너지를 쏟아 내니까.

결혼 전까지는 싸움을 못하는 성격인 데다, 싸울 일도 대충 회피하고 시간이 해결해 주는 그만큼만 관계를 맺으며 살아가는 데 크게 문제가 없었다. 예를 들어, 가족들과 갈등이 생겨

도 감정이 정리될 때까지 말 안 하고 눈 마주치지 않고 지내다가 어영부영 또 말하고 살아가면 되는 것이었다. 친한 친구와는 갈등이 생길 일도 거의 없었을 뿐 아니라 역시 시간이 해결해 주는 것을 가만히 앉아서 누려도 별 어려움이 없었다. 그러나 결혼 후 남편과의 관계에서는 그렇지가 않은 것이다. 일단, 남편은 문제나 갈등은 반드시 대화로 풀고 넘어가야 하는 사람이다. 나 역시도 '싸움'이라는 긴장된 순간 이후에 해결되지 않은 채 마음 바닥에 쌓이는 감정의 찌꺼기들은 둘 사이의 하나 됨을 가로막는 담이 되고야 마는 것을 알기는 알았다. 결혼 전 친정엄마나 친구들과 갈등을 해결하던 방식을 그대로 답습한다면 딱 그 수준의 가정을 만들 수밖에 없을 테니 말이다. 그러니 나로서는 '잘 싸우는 법'을 처음부터 새로 배워야 했다.

평소 기분이 좋을 때는 남편보다 몇 배의 말을 쏟아 내는 내가 긴장 상태가 되면 말 한 마디 꺼내기가 그리도 어렵다. 갈등을 대화로 풀어 가는 것은 내가 제대로 배우기는커녕 시도조차 못 해 본 일이 없었던 것 같다. 구렁이 담 넘어가듯 용하게 잘도 살아왔다. 필요성은 알지만 최소한의 내공이 있어야 대처를 할 텐데 상황에 닥치며 속만 부글부글, 팥죽을 끓이는 것이었다.

　갈등이 생기면 일단 숨 한 번 몰아쉬고는 차분한 목소리로 '여보! 미안해'로 시작해서 줄줄 사태를 설명하고, 그 순간 자기의 느낌을 설명하고, 조목조목 따져서 사과하는 남편이 어찌나 고맙지는 않고 얄미울 뿐인지……. '그래 너 잘났다. 너는 감정도 없냐? 감정 조절이 그렇게 잘 돼? 너 인격 한 번 훌륭하다. A~C! 나는 왜 이리 말이 안 나오는 거야? 안 나오는 말 대신 시도 때도 없이 눈물이 먼저 나오니…….'

　융Jung의 심리 유형론으로 말한다면 사고형 남편과 감정형 내가 갈등을 해결하는 데는 이런 어려움이 있었다. 즉 타이밍의 문제였다. 갈등이 발생하는 즉시 남편은 '여보! 미안해' 이러면서 해결의 국면으로 들어갈 수 있지만, 나로서는 갈등으로 생긴 감정을 추스르고 다스리려면 시간이 필요했다. 머리로 사랑하는 남편과 가슴으로 사고하는 나 사이에 시간은 물론 정서상의 거리가 얼마나 컸는지……. 안에서는 감정의 폭풍이 불고 있지만 정작 밖으로 드러낼 수 있는 표현은 침묵뿐이었다. 내게는 선택의 여지가 없는 '말 없음'이지만 남편에게는 '삐침'으로 보일 뿐이고, 거기다 대고 남편은 계속 사과하고

화해를 요청하는 방식이 반복된다. 그런 상태로 시간이 지날수록 내게 있어 갈등의 본질은 사라지고 오직 '자존심이 상함'만 남았다. 나는 대화도 할 줄 모르는 미성숙한 인간이고 저 사람은 마음이 태평양같이 넓어서 내 이 삐침과 심통 속에서도 굽힐 줄 모르는 화해의 제스처를 보내니 말이다.

JP '냉정'이 말하기를

화해의 제스처? 그게 그렇게 쉽게 되는 일인 줄 아나? 첫 마디를 꺼내기 위해 수십 리도 더 되게 느껴지는 심리적 거리감을 극복해야만 겨우 할 수 있는 말이 바로 '미안해'이다. 그뿐인가? '미안해'라는 말의 효력을 높이기 위해 남자는 별 아이디어를 다 짜내야 한다. 고상한 편지 쓰기 방식부터 선물 공세, 하다 하다 안 되면 생쇼를 벌여서라도 용서를 구한다. 그러나 화해의 사인을 보내 놓고 돌아오지 않는 응답을 기다리는 동안 나는 수많은 가설과 싸우며 대략 세 가지 반응을 선택해야만 한다. 첫 번째는 아내의 행동과 생각을 지배하지 않기로 마음먹고 그저 기다리는 일이다. 당황스럽고 답답하지만, 아내를 그대로 받아들이고 아내 스스로 마음을 고쳐먹길 기다리는 것이다. 두 번째 반응은 맞불 작전이다. '미안하다고 했는데 말을 안 해? 기다리는 것도 한도가 있지. 좋아, 나도 말 안 한다. 누가 먼저 말하나 보자!' 대강 기억을 더듬어 보면 우리 부부가 침묵으로 지낸 최악의 기록은 신혼 초에 약 일주일이었던 것 같다. (일주일 가지고 어디서 명함을 내미느냐는 친구의 질책을 들은 적이 있다.) 세 번째 반응은 공격적인 발언을 쏟아 붓거나 보복성 발언을 하는 것이다. "어 그래? 그건 내가 할 소리지. 당신도 마찬가지야. 당신이나 잘해." 날 향한 아내의 무언의 압력이 내 안에서 비난으로 해석될 때 나도 모르게 이 세 번째 방식을 취하게 된다.

기다리는 일은 참 힘든 일이다. 나를 이해해 주는 것을 바라는 것은 사치라고 여겨 언감생심焉敢生心 꿈도 꾸지 않겠다고 다짐한다. 자신의 기질, 자신의 경험, 자신의 부모, 자신의 습관 등을 이해해 주지 않는다며 침묵으로 시위하는 아내에 대한 분노가 속에서 부글부글 끓어오르는 때 그것을 누르고 있기란 참으로 어렵다. 그런 나 자신이 한심해 보인다. 때론 결혼이 후회스럽다는 생각이 스치기도 한다. 내가 한 사람을 이렇게밖에 사랑하지 못한다는 것에 대한 무력감이 생길 땐 다 포기하고 싶어질 때가 있다. 그렇지만 사람은 자신의 내면을 성찰할 수 있는 존재이고, 하나님은 그 능력을 우리에게 은혜로 주셨다! 내 행위의 정당성을 구구절절 설명하다가 지쳐 버리고, 나를 이해하지 못하는 아내의 속 좁음을 비난하다가 후회하고, 화해의 언어가 얼어붙고, 전략이 바닥날 때, 그때야 비로소 나는 나를 돌아보게 된다. 도대체 내 어떤 모습이, 어떻게 굳어진 내 습관이, 어떻게 타고난 내 성질이 그토록 아내를 힘겹게 하는 걸까? 하는 물음을 통해 실존적 고민을 하게 되는 것이다. 그 순간은 단순 갈등 봉합이 아니라 근본적인 갈등의 싹을, 내 편에서 발생하는 갈등의 내재적 조건을 개선하기로 다짐하는 아픈 성찰의 시간이다. 그래서 누군가가 "결혼은 치유"라고 했는가 보다. 어느새, 알게 모르게 굳어진 내 모습, 삐뚤어지고 상처 나 있는 나의 내면이 그리스도 안에서 다 치유되었다고 믿었는데 그게 아니었다. 조상 대대로 전수되어 내려온 죄를 등짝에 달고 있는 반쪽이에 불과한 나는, 결혼이란 제도 안에서, 아내란 거울 앞에서 비로소 직면하고 치유하고 그리고 온전해지기 위한 씨름의 샅바를 잡고 있는 것이다.

55 '열정'이 말하기를

표현되는 언어가 없다고 그것을 단지 침묵이라 할 수는 없다. 드러나는 양상은 침묵이지만 내 안에서는 무수한 언어가 올라왔다가 '안 돼. 그렇게 말하면 저쪽에서도 할 말이 있어. 아니, 그 말도 안 돼. 그건 비열한 표현이야. 그렇게 얘기하면 너무 자존심 상하게 하는 거잖아!' 하는 불가판정으로 다시 사라지기를 반복한다. 그런데 나는 알게 되었다. 내 침묵이 남편을 고문하는 방법이 될 수 있다는 것을!! 이 남자가 내 침묵을 못 견뎌 하는 것이다. 매우 괴로워하는 것이다. 이 남자를 괴롭히는 최고의 살상 무기가 바로 이것이었다. 맨 처음에는 선택의 여지없이 택했던 침묵 시위가 시간이 지나면서는 갈등 상황을 유발한 남편을 어느 정도 응징하기 위한 무기로 쓸 수 있다는 것도 알게 되었다. (이건 아직도 쓸 만한 무기라서 이렇게 상대편에 공개해 버리기는 좀 아까운데.)

그게 도를 좀 지나쳤나 보다. 어느 날, 예의 그 침묵 속에서 몇 가지 노력하다가 갑자기 남편이 방바닥에 있는 뭔가를 집어 들어 던지면서 바닥에 주저앉았다. 처음 보는 행동이었다. 그런데 뭘 집어 던지는 이 행동이 전혀 폭력적으로 느껴지지가 않았다. 순간적으로 '저건 극심한 좌절의 표현이다'라는 생각이 들었다. 순간 겁이 덜컥 났다. 이 남자의 좌절 끝을 알기 때문이다. 아마도 분명히 '나는 무능한 사람이야. 나는 무능한 남편이야'라고 속으로 되뇌고 있을 거야, 하는 생각에 미치니 말이다. (남편에 대해서 너무 잘 아는 것도 병!) 아무리 갈등이 심해지더라도 나 때문에 남편 스스로 '총체적 무능감'을 느끼도록 해서는 안 되겠다 싶었다. 그날 이후로 나는 회심을 한 것 같다. 내 기질을 뛰어넘자. '나는 감정이 다 정리돼야만 말이 나오는 사람이야.' 이렇게 고집하지 말고 100퍼센트 내 잘못 아니라 여겨져도 "여보! 미안해."라고 말해 보자. 그렇게 생각하니 여태껏 남편이 해 왔던 "미안해!"는 "여보, 이제 무장 해제 하고 당신과 대화의 장으로 나가고 싶어."라는 표현이었다는 사실과 그러기까지 자신의 이기심을 뛰어넘는 노력을 해 왔다는 생각이 들었다.

두 아이가 싸운다. 선생님께 또는 엄마한테 일단 혼나고 나서 사과하라는 어른들의 말에 한 녀석이 "미안해!" 하고 손을 내밀면 "나도 미안해!" 하고 악수하면 끝. 아이들의 싸움은 정말 이렇게 끝이다. 아이들처럼 이렇게 진정 싸움은 끝나고 밝은 태양 빛 비치는 미래가 있다면 얼마나 좋을까? 부부가 정말 하나 되기 위한 진정한 자신과의 싸움은 바로 이 순간부터인 것 같다. 귀 기울여 상대방의 소리를 듣고, 상대방을 비난하는 방식이 아니라 최대한 상대가 알아들을 수 있는 말로 나를 표현하는 것. 이 과정에서 감정이 복받칠 때는 나는 여전히 말이 안 나오기도 하고 가슴이 떨리고 때로는 민망하게 입술이 바르르 떨리기도 한다. 그러나 그 순간마다 용기를 내면서 마음을 다잡는다.

그러면 그렇게 대화로 모든 문제가 해결되었던가? 불행히도 아니다. 말을 할수록 더 답답함을 느낄 때가 있다. 말을 들을수록 더 이해할 수 없을 때가 있다. 그렇게 끝이 없을 것 같은 싸움을 싸우는 중이었다. 말이 말꼬리를 잡고, 잡힌 말꼬리가 전혀 엉뚱한 말의 길로 가려고 했다. 답답함에 겨운 분노는 둘을 모두 압도하고 있었다. 갑자기 남편이 말을 딱 멈추고 내 손을 덥석 잡았다. "여보! 기도하자!" 하더니 다짜고짜 기도를 시작하는 것이다. 나 역시 함께 기도할 수밖에 없었다. 어쩌면 그 순간 우리가 할 수 있는 것은 다 했는지도 모른다. 이제 각각 하나님 앞으로 우리의 약점을 가지고 나가는 일만 남았었는지도 모른다. 이 지점이 바로 그리스도께서 하나 되게 하시는 능력을 의지해야 하는 순간이었을 것이다. 둘 사이에 애쓰고 노력해도 결국 "나의 힘으론 당신을 사랑할 수 없네."라고 고백하지 않을 수 없다. "날 사랑하신 주님의 그 큰 사랑으로, 내 안에 계신 예수님의 그 사랑으로 당신을 사랑합니다."라며 꽉 쥔 주먹을 풀어 기도의 손을 모아야 하는 때가 있는 것이다.

JP&SS 냉정과 열정이 함께 정리하기를

- 언제 싸우든 잠자리에 들기 전 해결하기.
- 최대한 빨리 먼저 "미안해"라고 사과하기.
- 받아칠 말을 찾기 위해서가 아니라 이해하기 위해서 상대의 말에 경청하기.
- 상대를 비난하지 않고 단지 내가 어떻게 느꼈는지 설명하기.
- '상대의 눈으로 본 나'를 보며 불편할 때 방어하기보다 겸손하게 돌아보고 인정하기.
- 둘 사이에 사랑으로 거하시는 성령님의 도우심을 구하기.

기질을 뛰어넘는 사랑은 바로 싸움 한복판에서 필요하다. 이것이 5년간 싸우며 세운 JP와 SS의 싸움 법칙들이다.

 함께 나눠 봅시다

1. 가장 최근에 한 부부 싸움을 나눠 봅시다. 어떻게 해결했습니까?

2. 누가 먼저 화해를 요청합니까? 먼저 요청할 때의 느낌, 요청 받을 때의 느낌은 어떠합니까?

3. '싸워도 이렇게 싸운다.' 부부 싸움의 법칙을 정해 보세요.

7

며느리 고생은
남편도 몰라

SS

피곤하고 무기력한 아침이에요. 무기력은 어젯밤 해결되지 않은 정서의 연장인 것 같아요. 어제저녁에도 여전히 목욕탕 세면대에는 물에 젖은 현승이 내복과 손수건들이 내 손길을 기다리고 있었어요. 손.빨.래. 이제 퇴근하고 집에 들어가 세면대에 널브러져 있는 손빨랫거리가 눈에 띄면 바로 기운이 쪽 빠지고 마음이 상해 버려요.

"애들 옷은 그날그날 손빨래 해라. 물도 덜 들고 빨리 빨아 말려서 또 입혀야 한다. 현승이는 침을 많이 흘려서 하루에도 몇 번씩 갈아 입혀야 해." 몇 번 말씀하셨는데 말을 안 들었죠.

내 생각에는 모았다가 세탁기 한 번 돌리는 것이 물도 절약되고, 퇴근해 돌아와서 매일 손빨래로 보내야 하는 시간이 아깝기도 했어요. 결국, 어머님께서 특별 조처를 하신 것이죠. 아예 빨래들을 세면대에 모아 놓기. 이쯤 되면 손빨래 관철을 위해서는 막 가시겠다는 거죠. 여기다 대고 계속 세탁기 빨래를 하게 되면 나 역시 막 가자고 대드는 게 되겠죠.

밤에 애들 재우고 손빨래를 하노라면 '시집살이'라는 말이 저절로 떠올라요. 어머니 들으시면 콧방귀 뀌실 소리지만. 이럴 때 나를 포함한 대부분의 며느리는 이런 생각을 하죠. '딸이라면 이렇게 하실까? 온종일 일하고 들어온 딸에게 굳이 손빨래 하도록 강요하실까?' 이렇게요.

JP

당신의 고충을 듣고도 오래 망설여지기만 해요. 미안한 마음으로요. 내 섣부른 도움으로 더 큰 어려움을 낳을 수도 있는 복잡하고 미묘한 문제라 생각되기 때문이죠. 그렇지만 알죠? 당신이 지고 있는 짐, 가능한 한 전부 다 내가 대신 지고 싶어요. 그리고 또, 그런 마음에도 내가 어머니께 당신의 고충을 대신 말하는 것이 얼마나 아슬아슬한 줄타기인지도 잘 알리라 생각하고요. 그러니 우선, 이렇게 해 보면 어떨까요? 아기 빨래들, 우리 같이 나눠서 해 봅시다. 세수하러 들어갈 때 어머니 눈치 못 채시게 내 얼른 할게요.

얼마 전 전화 요금 문제로 우리가 옥신각신하고 난 후, 이런 생각이 들었어요. 사즉생死卽生! '어차피 부모님과 함께 살게 되었으니, 우리 것과 부모님의 것을 나누려고 하는 모든 시도에 대해 완전히 포기하자!'라는 생각이었죠. 부모님과 우리 사이에 합리적인 분배를 도모하는 건 비생산적일 뿐만 아니라, 매우 우둔한 일이 아닐까 싶어요. 우리가 따로 독립해서 사는 거라면 다르겠지만, 아이들 양육이라는 우리의 필요 때문에 한 지붕 아래서 살기로 했다면, '한 푼의 미련 없이 다 드리자! 달라고 하기 전에 미리 드리고, 공휴일에 시간 내라고 하면 기꺼이 쉼을 포기하고, 관리비 내라 하면 전화 요금도 내자!'라고요. 애들 양육 때문에 우리가 선택한 거니까 우리가 희생하자는 것, 혹 당신에겐 무리한 요구가 될까요?

그리고 며느리가 딸같이 대접받길 원하는 마음 내 충분히 이해하지만, 이번 일로 '만약 딸이었다면……' 하고 생각하는 건, 당신의 상상력이 너무 앞서 나간 듯싶군요. 당신은 이미 시집간 딸보다 더 많은 사랑과 신뢰를 받고 있어요. 어머니께서 당신의 속내를, 그 아픈 과거와 부끄러운 일들을 선뜻 며느리에게 얘기했다는 건 보통 일이 아니거든요. 그렇게 당신은 어머니의 유일한 신앙 상담가 역할을 하고 있잖아요!

SS

'사즉생'死卽生이라! 역시 원칙의 왕자답게 당신께서 또 한 말씀 주셨구먼요. 死! 양육이라는 큰 짐을 우리와 나눠서 지고 계시는 부모님께 우리가 뭔들 못할까? 이렇게 생각하면 어머니와 나 사이에 문제 될 것이 아무것도 없지요. 그러나 어디 사람 마음이 그런가요? 한결같이 그런 마음이면 좋으련만 마음이 메마를 때는 별거 아닌 것에 다 걸려 넘어지고 불평하고 그렇게 되죠. 언제나 하는 얘기지만 내가 원칙을 몰라서 투덜거리는 건 아니잖아요. 하긴 당신이 덩달아서 내 감정에 공감만 해 준다면 마음을 추스르기가 어려울 것 같기도 해요. 그래요, 일단은 원칙으로 합의하고 가죠.

예전에 어머님께서 사전에 말씀 안 하시고 채윤이 앞머리 잘라 놓으셨을 때가 생각나요. 그리 예쁘지도 않은 얼굴에 짤뚱하니 올라간 앞머리를 보는 순간 너무 속상해서 눈물이 날 뻔했어요. 엄마인 내게 한마디 의논도 없이 가위질하셨으니

말이어요. 그때 머리도 그렇고, 이번 손빨래 건도 그렇고, 현승이 이유식에 조미료 넣으시는 것도 그렇고. 걸리는 것이 한두 가지가 아니지만, 문제는 섣불리 어머니께 말씀드릴 수가 없었어요. 웬만한 관계는 잘 대화하면 어느 정도 해결되는데 어머니와의 관계는 어설피 대화하면 상처만 남길 수 있어요. 당신 말대로 부모님을 아이들의 양육자로 인정하고 맡기는 이상 어찌 됐든 2분의 1의 권리는 부모님께서 가지고 계신 거니까요. 그렇게 생각하면 포기도 쉽고 불평도 덜해지는 것 같아요. 또 어찌 보면 나 같은 성격은 그런 훈련이 절실히 필요하기도 해요. 내 손으로 어떻게든 다 해 보려고 하는 욕구가 강한 거 말이어요. 아이들 양육하는 데 있어서 내가 아무리 노력해도 모든 환경을 100퍼센트 다 통제할 수는 없는데. 설령 내가 집에서 아이들을 키운다 해도 마찬가지고요.

'딸 같은 며느리'라는 말에 대해서는 내가 할 말이 많네요. 써 놓고 보니 그런 생각은 안 하는 것이 좋을 것 같아요. 딸이라면 아마 그렇게 안 시키시겠죠. 그리고 나는 딸이 아니라 며느리니까 그렇게 시키시는 거고요. 그러고 보니 많은 시어머니와 며느리가 '딸 같은 며느리'에 대한 환상이 있는 것 같아요. 나 역시 예외는 아니었고요. 뭐 궁극적으로 좋은 관계를 표현하고자 하는 뜻이겠지만 그 환상 때문에 관계가 더 어려워질 수도 있어요. '나는 며느리다. 나는 딸이 될 수 없다.' 관계의 한계를 분명하게 인식하고 시작하는 것이 필요할 것 같아요.

"난 널 딸같이 생각하는데……." 이런 표현을 하시며 섭섭해 하시는 시어머니, 또 그렇게 말씀은 하시지만 정작 딸하고 다르게 대접하시는 시어머니 때문에 상처받는 며느리, 많이 본 것 같아요. 여보! 나는 이제부터 딸 운운하지 말아야겠어요. '딸 같은 며느리'는 피차에 결국 이루지 못할 목표를 설정해 놓고 끊임없이 좌절하게 하는 명제같이 느껴져요. 나는 그저 좋은 고부간이 되는 꿈을 가져야겠어요. 아니, 굳이 좋은 고부간이 아니어도 되겠어요. 내가 할 수 있는 만큼만 하는 며느리가 되기로 하겠어요.

그러고 보니 어머니가 예전에 하신 말씀 생각나요. 며느리가 시어머니를 "엄마"로 부르는 것에 대해 말씀하시면서 "엄마라고 부른다고 시어머니가 친정엄마 되는 것 아니다. 뭐라고 부르든 잘 지내면 되는 거다." 이러셨거든요. 난 어머니의 이런 합리적인 면이 마음에 든다니까. 너무 차갑다고 느껴질 때도 있지만 잘 보면 그 차가움이 합리적인 것의 또 다른 얼굴이라니까요.

JP

요새 당신이 어머니와 작은 갈등을 느끼고 있는 걸 보니, 새삼스럽게 신혼 초가 생각나는군요. 칭찬을 주고받는 데 익숙한 환경에서 살아온 당신에게 칭찬에 인색한 우리 가족이 얼마나 가혹하게 느껴졌을까 하고 생각한 적이 있었지요. 내가 어머니께 전화해서 착한 며느리 칭찬 좀 하시라고 큰 소리로 항변(?)했던 거 기억나요? 불효자식으로 등극하는 엄청난 발언이었죠. 그렇지만 다신 어머니께 그런 얘기 안 해도 될 정도의 상황이 되면 좋겠어요. 간혹 어머니께서 툭 던지는 말씀이 사실 마음에 걸리거든요. 당신도 들어서 알다시피 우리 어머니 종종 그러잖아요. "기껏 키워 놨더니 제 새끼하고 제 처밖에 모르는 놈!"이라고요. 그렇다고 기죽을 일은 아니지만, "그거 다 아버지한테 배운 거여요."라고 발뺌하는 것도 이젠 쉬운 일은 아닌 것 같아요.

간혹 당신이 어머니로부터 본의 아니게 상처받는 것들을 보고 들으며 대체로 당신을 이해하려고 노력해요. 그러나 솔직하게 말한다면 당신의 입을 통해 어머니의 또 다른 면모를 듣게 되는 건 아들로서 정말 괴로운 일이에요. 당신 말이 옳다 하더라도 말이죠. 그렇다고 당신보고 혼자서 알아서 다 해결해라! 말도 꺼내지 마라! 그런 뜻은 아니에요. 시어머니가 되신 어머니를 보면서 이제껏 알아 왔던 어머니와는 다른 모습을 발견하고 받아들이는 것은 쉬운 일이 아니었어요.

결혼하고 나서 우리 사회가 여성에게 얼마나 힘든 짐을 지우는지를 비로소 제대로 알게 되었어요. 그런 구조적 모순을 거부하겠다고 다짐을 하면서도 몸에 배어 있는 가부장적 습관이 뿌리 깊은 것 같아요. 그래서 오히려 당신을 더 힘겨운 구석으로 몰아가도록 한 몫 거들고 있는 건 아닌가 하는 자괴감도 들고요. 나는 처가에 가면 늘 최고 손님으로 대접받으면서 당신이 우리 집에서 부엌에서만 일하는 걸 보면서도 역지사지易地思之를 잘 못해요. 이런 나 자신을 보면서 나를 포함한 이 땅의 남자들이 잘못돼도 한참 잘못되어 있다는 걸 새삼 느끼게 된답니다. 그렇기 때문일까요? 머리로는 알면서도 '자식'과 '남편'이라는 두 역할 사이에서 책임 있게 부모를 공경하고 아내를 사랑할 줄 안다는 것이 얼마나 어려운 일인가 새삼 생각해 보게 되네요.

당신은 어머니가 차가운 면이 있다고 했죠? 그걸 알았을 때 사실 나는 좀 당황스러웠어요. 어머니의 그런 면을 알긴 알았지만 나는 그게 그리 큰 문제라고 생각한 적이 없었거든요. 아마도 어머니 때문에 상처받는 사람들이 나랑 무관한 사람들이었기 때문이겠지요. 그리고 아들이 어머니 편에 서서 사람들을 볼지언정 다른 사람들 편에 서서 어머니를 볼 수는 없는 거 같아요. 아무튼, 어머니를 객관적으로 보고 그런 모습을 수용해야 한다는 사실은 마치 금기를 범한 것 같은 죄의식이라고나 할까요? 뭐 그런 두려움을 느끼게 되는 것 같아요. 그래서 아내인 당신의 입을 통해 어머니의 약점을 듣는 건 늘 '불경스러움과의 싸움'이나 마찬가지였죠. 자식 된 도리로서 어머니의 약점을 수용하는 일, 이 땅의 남자들에겐 정말 종교적인 배교쯤 되지 않을까 싶군요.

오늘은 이쯤 쓰지요. 나도 내 자식 생각하면 한없이 사랑스러운데, 그 애들이 나중에 커서 나보다 더 사랑하는 사람이 생겨 나로부터 독립한다는 생각을 하면 뭔가가 복잡해져요. 부모 역할이란 뭐고, 또 자녀 역할이란 뭔지. 또 그런 역할 정립을 제대로 학습하지 못한 우리 부모님을 섬기면서 우리가 어떻게 하는 게 지혜로운 일인지, 정말 제대로 알아야 하지 않을까 생각해 보게 되네요.

ss

　사실 어머니의 '차가운 면'은 어머니를 이해하고 적응하는 데 제일 어려웠던 부분이지만 이젠 많이 달라졌다는 거 당신 아직 모르나 봐요? 내가 말하지 않았었나요? 어머니의 '차가운 면'은 여러 얼굴을 하고 있죠. 일단 칭찬에 매우 인색하시다는 것. 기억나요? 작년 당신 생일 때 내가 휴가 내고 당신 생일상 차렸잖아요. 그것도 아침 식사로 말이에요. 내 나름대로 퇴근하며 장 봐 가지고 밤늦게까지, 또 새벽에 일어나서 온갖 솜씨를 다 동원해서 부모님 입맛 당신 입맛 고려해서 한 상 차렸건만, 식사하시기 전 어머님이 하신 말씀은 딱 한마디였죠. "이걸 언제 다 차렸니? 먹자." 끝!

　언젠가 어머니와 오랜 시간 앉아서 어머님 살아오신 얘기도 듣고 하면서 어머니가 칭찬할 마음이 없으셔서가 아니란 걸 알았어요. 칭찬하는 방법을 잘 모르신다는 거죠. 표현이 안 되지만 마음마저 없는 것이 아니라는 걸 알고부터 조금씩 이해할 수 있게 되었어요. 또 '차가운 면'은 자식들을 독립적으로 키워야 한다는 신념에서 비롯되기도 하는 것 같아요. 우리 친정엄마처럼 이 땅의 대부분 어머니처럼 자식 일이라면 뭣이든 아낌없이 주는 분은 아니시죠. 그런데 그건 며느리로서 반대급

부가 있긴 해요. 지나치게 주시지도 않지만 지나치게 간섭하지도 않으시잖아요. 그 점은 정말 감사하게 생각하죠. 그러고 보면 어머니들 역시 강점이 있고 약점이 있는 거 같아요. 우리 엄마는 자식 일이라면 뭐든 양보하고 포기하시지만 그만큼 간섭도 많으시잖아요. 반면 어머님은 웬만한 일에는 우리 뜻대로 하도록 두시죠.

많은 남성이 결혼 이후 부모로부터 제대로 '떠나기'를 어려워하는 것 같은데 당신이 그런 면에서 고맙도록 애써 줬어요. 그리고 누구보다 잘 떠나와 주었고요. 그 배후에는 어머님의 '차가운 면'이 있는 것 같아요. 그래서 이젠 나도 어머님의 '차가운 면'에 감사를 발견하고 있다니까요.

JP

결혼 과정과 그 이후를 돌이켜 보면, 나는 부모에게서 독립이 생각보다 순탄했던 것 같아요. 나는 줄곧 '남자가 부모를 떠나'라는 말씀을 지키려고 했던 내 노력의 열매가 아닌가 하는 생각을 했었죠. 근데 당신 말을 듣고 보니 그것만은 아니었군요. 우리 부모님께서도 자식을 당신들의 품에서 떠나 보내려고 꽤 애쓰셨을 거란 생각이 드니 새삼 감사한 생각이 드네요.

그렇지만 그게 다는 아닐 거예요. 부모님의 자식에 대한 부적절한 개입과 여전히 그 개입에 익숙해진 나의 미숙한 습성 사이에서 당신이 얼마나 현명하게 모자 관계를 끊을 땐 끊어 버리고 이을 땐 이어 줬는지 내가 모르는 바 아니에요. 진심으로 고맙게 생각해요.

결과적으로 다 지났기 때문에 하는 말이긴 하지만, 내가 당신과 백년가약을 맺은 이후 나와 우리 부모님께서 참 많이 밝아지신 것 같아요. 우리 가족 안에 어찌할 수 없는 음울한 분위기가 있었는데, 나는 그게 정말 싫었거든요. 그런데 어느 날부턴가 그런 게 서서히 없어진 것 같아요. 당신의 천성적 밝음에 조금씩 전염이 되었나 봐요. 어쩌면 우리 두 사람을 맺어 주신 그분의 뜻 중에 우리 가족의 치유도 거기에 해당하는지도 모르겠네요.

SS

아이쿠, 서방님! 과찬의 말씀이옵니다. 소녀 부끄럽사옵니다. 호호호. 그렇게 생각해 주다니 고마워요. 그건 사실 애써서 된 일이라기보다 제 천성이 엔터테이너인 걸요. 결혼 전부터 가진 원칙이 있었어요. '시부모님한테 처음부터 너무 잘하지 마라. 잘하는 며느리한테는 기대가 갈수록 높아져서 나중에 잘해도 잘하는 줄 모르신다'는 식의, 피가 되고 살이 되는 선배 언니들의 조언을 귀담아듣지 않으려고 했지요. 그 대상이 시부모님이든 누구든 계산하는 관계로는 살지 않겠다는 원칙이 있었으니까요. 그래서 시부모님께 계산하지 않고 섬기고 순종하려 했어요. 물론 '선배의 말씀이 진리의 말씀이었다'는 생각이 들 때도 잦아요. 인간 대 인간으로만 대하기에는 시어머니와 며느리 사이는 해도 너무하는 비상식적인 권력 구조인 것 같기도 하고요. 하지만 결국 그것은 나와 어머니라는 개인적인 관계이지요. 친정엄마께 하듯 자연스럽게 우러나오는 섬김이 늘 되는 것은 아니지만 할 수 있는 온 힘을 다하려고 해요. 결국, 어디까지 잘해 드릴까 하는 계산이 아니라, 내가 진심으로 할 수 있는 부분은 어디까지인가를 아는 것이 제일 중요한 것 같아요.

결혼하고 처음, 순진했을 때 말이에요. 사랑하는 당신의 부모님이라는 이유로 시부모님이 무조건 좋았죠. 늦둥이로 태어나서 할머니 같은 엄마가 부끄러웠던 내게 새로 주신 어머니는 젊고 날씬하셔서 더 좋았어요. 어머님의 연약한 점을 많이 알기 전이기도 했죠. 맨 처음 관계 맺은 시간으로 부모님께 어떤 신뢰 같은 것을 심어 드린 것 같아요. 말하자면 좋은 선입관이 생기신 거죠. 그래서 혹 며느리에게 섭섭한 일이 있으셔도 당신들을 향한 제 마음은 늘 믿어 주시는 것 같아요. "시부모님한테는 애초부터 잘하지 마라."는 말의 반대가 오히려 좋은 결과를 가져온 셈이 됐어요. 암튼 때로 이해할 수 없는 일이 있고, 억울하여 흘리는 눈물이 있지만, 어머니와 나 사이에 의심할 수 없는 신뢰가 있다는 건 분명하거든요.

함께 주고받은 긴 편지 마무리할게요. 당신과 결혼하여 영혼의 친구 되기 위하여 많은 정성을 쏟았죠. 내 삶의 여기저기서 만나는 나와 다른 많은 사람을 그리스도의 사랑으로 사랑하려고 노력하고요. 나와 달라 불편한 점을 '다름'으로 이해하고 '틀림'으로 비난하지 않으려는 노력도 게을리하지 않았어요. 그렇게 부단히 연습하는 사랑으로 부모님을 사랑하기 위해서 노력하겠어요. '시'라는 말이 붙어 있기 때문에 애초부터 뒤틀릴 수밖에 없는 관계라고, 아무리 노력해도 '시' 자는 어쩔 수 없다고 말하는 세속의 조언에 마음 뺏기지 않겠어요. "네 이웃을 네 몸과 같이 사랑하라!" 하신 주님의 명령에 시어머님을 예외로 두지 않겠어요. 다만, 겉모양은 사랑과 순종이지만 속에서는 두려움인 채로 지내지는 않을 거예요. 그러니까 신혼 초에 어머니의 과한 요구에 거절하여 다 들어드리고 집에 와서 불평하고 당신을 힘들게 하던 것 말이에요. 누구에게나 그러하듯 겉으로 드러난 친절이 두려움에 뿌리를 둔 것인지, 사랑인지를 항상 스스로 식별하며 사랑하도록 할래요.

 부모님으로부터 잘 떠나서 우리 가정의 남편과 아빠로 서 있는 당신께 새삼 감사드려요. 어머니 편에 서서 내 잘못을 지적할 수 있었을 텐데 고통을 감내하며 한 번도 내 옆자리를 떠나지 않아 줘서 고마워요. 내가 감히 고부간의 '갈등' 아닌 고부간의 '화합'과 '사랑'을 말할 수 있는 것도 그리하여 '롯과 나오미'를 꿈꿀 수 있는 것도 당신 덕이에요. 오늘도 저녁도 어머니 몰래 손빨래해 줘서 고마워요. 여보.

함께 나눠 봅시다

1. '부모를 떠난다'^{창 2:24}는 것이 당신에게는 구체적으로 어떤 의미입니까?

2. 시어머니와의 갈등이 일어났을 때 남편은 어떻게 반응하거나 개입합니까? (남편과 아내가 각각 말하기)

3. 시어머니와 친정어머니, 두 분의 장점을 각각 말해 보세요.

돈 걱정 없는 가정

JP 돈을 보면 갈팡질팡

 난 돈이 좋다. 동시에 돈이 두렵다. 아니, 돈을 경계한다. 아니다. 다시 생각해 보니 돈 좋아하는 거 맞다. 아니다. 돈은 현대판 우상이다. 아니 돈.돈.돈. 돈에 지배받고 싶지 않다. 그거 없다고 우울해 하지도 않고 그거 많다고 우쭐해 하고 싶지도 않다. 플러스니 마이너스니 통장 잔액에 따라 울거나 웃고 싶지 않고, 가난할 때도 부할 때도 자족할 줄 아는 그런 신념과 여유가 있었으면 좋겠다.

그렇지만 될 수 있으면 가난해지지 않았으면 좋겠다. 노동에 따른 적절한 보상이 정기적으로 내 통장에 들어오면 좋겠다. 명절 때 돈 때문에 걱정할 정도로 지갑이 가벼워지지 않았으면 좋겠다. 아이들 사교육비 문제로 아내를 일터로 억지로 떠미는 상황이 발생하지 않았으면 좋겠다. 돈 아낀다고 책도 못 사 보는 그런 불행한 일이 안 생겼으면 좋겠다. 그리고 또…….

아니다……. 최소한의 품위 있는 삶도 돈 없으면 안 되는 건데, 나는 돈에 지배받고 있음이 틀림없다. 난 돈이 필요하다. 돈이 있어서 좋은 삶이 있는 줄 알기에 돈을 손에 쥐면 기분이 좋아진다. 그러나 좋아서 좋은 게 아니라 돈이 필요해서 좋은 거다. 어쨌든 돈이 부족한 생활, 솔직히 내 가정에 그런 날이 없으면 좋겠다.

돈에 대해 정직하게 되짚어 생각하다 보니 참 한심하다. 돈에 대한 내 태도가 정리가 안 된 모양이다. 신혼부부들이 '내 집 마련'에 올-인$^{all\ in}$하는 것을 경멸에 찬 눈으로 보면서도 정작 우후죽순 들어서는 아파트 촌락을 보면서는 '이렇게 아파트가 많은데 나한테 줄 아파트 한 채 없나?' 하면서 내심 부러

위하기도 하니, 내 꼴이 그야말로 꼴불견이다. 비전을 내세우며 하나님 나라 일꾼이 되겠다고 다짐했건만, 가계에 필요한 최소 비용도 혼자 다 책임지지 못한다고 우울해 하는 내 꼴이 정말 꼴불견이다. 평소 돈을 경계하는 듯하면서도 정작 위기의 순간엔 하나님보다 돈을 더 신뢰하는 내 옅은 믿음이야말로 제대로 불신앙이다.

마치 '성'을 대하듯 '돈'을 위선적으로 대해 온 이유는 뭘까? '돈은 일만 악의 뿌리'라는 성경 말씀에 대한 교회 가르침 때문일까? 나는 아직도 이 말이 충분히 타당하고 백 번 천 번 강조해도 부족함이 없다고 생각한다. 그래서일까? 나는 돈을 쓸 때 늘 죄의식을 느낀다. 내가 번 돈으로 내가 밥 사 먹는 데도 마음 한 편이 켕긴다. 노동의 대가를 받아도 '돈'을 쥐는 내 마음은 위태위태하다. 조금 비싼 옷을 사 입거나, 조금 비싼 음식점에 들어가는 날에는 몇 날 며칠이고 마음이 불편하다. 악에 편승한 기분이다.

이런 내가 결혼을 했다. 당연히 검소한 결혼 문화에 일조하기 위해 매사 '검소! 검소!' 하며 티를 냈다. 혼수품을 준비하며 아내가 제시한 기준들은 모두 하향 조정되었다. 시계 생략, 다이아몬드 반지 생략, 장롱 한 자 줄임, 텔레비전 생략, 줄임……생략……줄임……생략……. 신혼여행 역시 검소하게. 해외로 나가는 건 사치요, 1급 호텔은 향락이요, 4박 5일 이상은 범죄! 그러다가 결국 평생 씻어 내지 못할 원죄와도 같은 대형 사고를 치고 말았다. 가까운 지인을 통해 예약된 숙소에 가 보니 완전 삼류 여관 수준이었던 것이다. 부랴부랴 숙소를 옮기고 수습을 했지만, 첫날밤을 눈물로 지새운 아내를 위로하고 설득할 논리를 찾을 수가 없었다. 이렇게 시작된 우리의 신혼 생활이 나의 '인색한, 빈핍한, 쩨쩨한'(물론 내 편에서는 '검소한, 절제하는, 규모 있는'이지만) 재정 철학과 아내의 '절제 없는, 충동적인, 개념 없는'(물론 아내 편에서는 '여유가 있는, 누릴 줄 아는, 멋을 아는'이겠지) 돈 관념, 돈 사용, 돈 관리 때문에 갈등의 연속이었으리라는 것은 안 봐도 비디오다.

55 돈과 시간을 바꾸다

난 요즘 가계부를 정말 잘 써 봐야겠다는 생각에 충천해 있다. 결혼 5년 만이다. 그간 써 보려고 노력하지 않았던 것은 아니다. 신혼 초 한동안 남편은 매일 컴퓨터 앞에 앉아서 가계부를 만드는 것이 일이었다. 지출의 항목을 이렇게 묶었다 저렇게 묶었다, 이름을 이렇게 붙였다 저렇게 붙였다 하면서 새로운 형식의 가계부를 만들고 며칠 안 가 그걸 다시 수정 보완하여 또 다른 형식의 가계부를 만들어 내면서 말이다. 그런 자신의 노력에 부응하여 열심히 꼼꼼히 가계부를 쓰지 않는 나를 '헐렁이 주부'라며 원망하고 타박하면서.

나로서는 가계부를 쓸 이유가 별로 없다고 느껴졌다. '어차피 최소한의 수입으로 사는데 가계부를 쓴다고 뭔 뾰족한 수가 나나? 낭비하려야 낭비할 돈도 없는데 뭐 힘들게 가계부를 쓴단 말이야? 수입 안에서 펑크만 안 내고 써도 검소한 살림의 표본이 되겠네, 뭐! 가계부 쓸 시간이 있으면 카드 사용법, 은행 업무나 좀 배우시지. 은행 가서 엉뚱한 일이나 저지르지 말고.'

도대체 신용 카드 얘기만 나오면 무슨 불경한 물건이라도 되는 것처럼 거부 반응을 보이는 남편이었다. 나로서는 열 번을 읽어도 뜻을 모르겠는 철학책은 재미있다고 읽어 대는 머리로 그 단순한 은행 업무, 신용 카드 이쪽으로만 가면 완전히 일자무식이 따로 없다. 은행 가기 전 그렇게 여러 번 설명하고 연습 문제를 내서 풀었음에도 실전에 가서는 통장에 버젓이 잔액을 두고도 현금 서비스 받아 오는 위인이라니!

　결혼 5년 만에 나는 남편에게 카드 사용의 필요성과 사용법을 가르치고 설득하는 데 성공했고, 남편은 내게 스스로 의미를 부여하여 자발적으로 가계부를 쓰도록 하는 데 성공했다.

　내가 요즘에 가계부를 충실히 써야겠다고 생각하는 이유는 우리 가족에 필요한 최소 생활비를 알아야겠기 때문이다. 최근 남편은 공부를 마치고 새로운 직장에서 일하게 되었고, 이에 맞춰 나는 풀-타임 full time 으로 일하던 직장을 그만두고 파트-타이머 part timer 로 일하게 되었다. 남편이 하게 된 일이 출판, 그것도 기독교 출판이기 때문에 남편 수입으로는 우리 가족의 생활비를 충당할 수 없다. 그 부족분을 내 수입으로 채워야 한다. 물론 나 역시 계속 풀-타임으로 일을 한다면 경제적으로 더 여유가 있겠지만 약간의 고민 끝에 우리는 '돈'과 '시간'—아이들과 가족과 함께하고 이웃을 돌볼 수 있는 시간—을 바꾸기로 합의했다. 내가 파트-타임으로 일을 하되 우리 가족의 최소 생활비의 부족분을 벌만큼만 일하기로 한 것이다. 그렇게 돈과 바꾼 시간으로 아이들과 좀 더 질적인 시간을 갖고 사람들, 특히 교회 소그룹 공동체 사람들을 만나거나 도울 수 있는 여유

를 가지는 것이다. 이렇게 된 요즘 나는 남편의 닦달 없이도 자발적으로 몇백 원, 몇십 원 쓴 것까지 꼼꼼히 적는다. (나, 앞으로도 계속 이럴 수 있을까? 스스로 의심하면서…….)

JP 절제와 누림의 아슬아슬한 경계선에서

아내와 논의 끝에 재정에 관한 몇 가지 원칙을 세운 적이 있다. '3만 원 이상 구매 시 반드시 상호 동의하에 산다', '카드는 될 수 있으면 만들지 않는다', '선교비, 구제비를 멈추지 않는다', '부모님 살아 계시는 동안에는 내 집 마련하지 않는다', '십일조를 내기 전에는 꼭 함께 기도하고 낸다' 등등. 사실 이런 원칙들은 내게는 별로 필요가 없는 것들이다. 이런 걸 굳이 원칙이라고 정하지 않아도 무리 없이 잘 되는 것들이니까. 문제는 내가 보기에 충동적이거나 불필요하다고 느껴지는 아내의 씀씀이를 어떻게 막을 것인가 하는 건데, 어렵사리 이런 원칙들을 도출해 낸 것으로 얼마나 자랑스러웠는지 모르겠다. 게다가 가계부도 창작해서 새로 만들었으니 모든 수입 지출은 내 손안에 들어와 있는 셈이다.

그러나 아내의 씀씀이를 남편 자신의 기대치로 끌어내리겠다는 꿈은 야무지고 허황된 실현 불가능의 이상일 뿐이었나 보다. (왜 그리 여자들은 필요한 옷, 필요한 그릇들이 많은 것일까? 언제 어디서든 "나 이거 필요했었는데, 사려고 했었는데." 이러면서 충동구매를 해 대니 말이다.) 나의 원칙은 처음에는 성공하는 듯했다. 백화점이나 할인점에서 간혹 아내가 전화를 걸어 "35,000원인데 사도 돼?" 하고 전화를 걸어오는 것 아닌가! 그러면 애써 우쭐해지는 속내를 감추면서 아무렇지 않은 듯 "그러지?" 하고 대답한다. '성공이다! 이 여자의 소비를 내가 통제하기 시작했다!' 그러나 그런 성공 느낌도 잠시. 어느 날부터 아내가 사 오는 29,900원짜리 옷과 생활 용품들. 대체 이걸 짚고 넘어가야 하나? 말아야 하나? 그뿐이 아니다. 경품만 받고 쓰지 않을 거라고 맹세한 아내는 신용 카드 수집이 취미인가? 나는 이제 결혼 5년 만에 조심스럽게 신용 카드 하나 만들었는데, 아내는 이미 서랍에 하나, 오디오 위에 하나, 지갑에 두 개, 사물함에 두 개……, 집안에 굴러 다니는 카드가 몇 개인지 모르겠다. 언젠가는 빨래를 널던 아내가 "어머, 선글라스가 주머니에 있던 것을 모르고 그냥 돌렸네. 이제 진짜 못 쓰겠다." 하면서 호들갑을 떨었다. 그 선글라스는 여러 번 수리를 받았던 것이고 그때마다 새로 사고 싶은 눈치가 역력했던지라 '혹시 새로 사고 싶어서 일부러 세탁기에 돌린 건 아닐까?' 하는 의심이 들었다. 새로 선글라스를 사면서 짓던 아내의 미소가 아무리 생각해도 찜찜하다.

그렇게 그렇게 원칙이 흐지부지되는 것처럼 보였지만 실상은 그렇지 않다. 부부가 닮아간다고들 하지 않는가! 서서히 아내의 씀씀이와 나의 씀씀이 방식이 뒤섞여 가는 사이, 딱딱한 원칙은 부드러운 충고로 작용하기 시작했고 서로가 누리는 돈에 대한 유익이 공유되기 시작한 것이다. 사랑하는데 안 닮을 수가 없는 것 아닌가! 결국, 아내는 충동구매를 억누르고 뒤돌아선 후의 기쁨을 누리기 시작했고, 나는 나와 가족을 위해, 관계의 풍성함과 부부간의 우정을 위해, 아내의 자존감을 높여 주기 위해 돈을 안 쓰는 것보다 '쓰는 재미'를 알아가기 시작한 것이다.

55 돈 걱정 없는 가정

결혼하고 얼마 되지 않아서 1만 원짜리 청바지 하나를 사서

집에 들어간 날 남편에게 얻어먹은 구박이라니! 그때 산 청바지를 평생 간직하면서 그날의 모욕을 두고두고 되새길까 생각 중이다. 계획에 없는 것을 싸고 예쁘다는 이유로 사는 것을 이해하지 못하는 남편. '정직, 검소, 절제'에 목숨을 걸고 사는 남편 덕에 눈치 아닌 눈치를 보면서 시집살이 아닌 시집살이를 했다. 남편 앞에서는 섭섭한 척, 서러운 척했지만 그러는 남편이 싫지 않았다. '정직, 검소, 절제'가 어디 기독교윤리실천운동만의 구호이고 남편만의 구호이겠는가? 나 역시 날이 갈수록 더 잘 절제하고 더 검소해져야 하는데 남편의 간섭은 내게 좋은 약이 된다.

한창 남편이 가계부 만들기에 열을 올릴 때 우리의 지출에 대해 정리한 것이 하나 있다. 지출의 항목을 크게 서너 가지로 묶는 과정에서 '하늘에 쌓는 돈'이라는 항목이 있었다. 여기에는 흔히 교회에 내는 헌금 외에 선교비, 구제비 등을 포함했고 부모님을 비롯한 사람들에게 나누는 것도 포함했다. 부모님께 드리는 용돈과 선물비, 여러 경조사비, 사람들을 초대하거나 밖에서 식사하면서 쓰는 돈, 책을 사 주거나 생일을 비롯한 선물을 위해서 쓴 돈 등을 모두 포함했다. 이렇게 하는 것

이 적어도 내게는 '돈을 쓰는 것'에 관한 생각의 전환을 가져왔다. '하늘에 쌓는 돈'이라고 생각하니 다른 사람들을 위해서 쓰는 돈이 아깝다는 생각이 들지 않고 오히려 쓸수록 기분이 좋아지는 것이다.

우리 아이들의 옷은 얻어 입히고 시장에서 사 입히며 시중에 나오는 가장 싼 분유로 먹일지언정 다른 아기에게 선물할 때는 백화점에 가서 살 수 있는 그야말로 마음의 여유. 내가 쓰는 화장품이나 내가 입는 옷은 언제든 가장 싼 걸로만 고르지만 다른 사람에게 선물할 때는 '저건 너무 비싸서 우리가 쓸 수 있는 것이 아니야!'라고 생각했던 것을 기꺼이 살 때 말이다. 자주 있는 일은 아니지만 그때의 기쁨은 뭐랄까? 이 세상의 기쁨이 아닌 것 같다. 봄가을에 결혼식 부조금이 많이 나가서 힘겨울 때도 '기쁨으로 하고, 하나하나 부조금을 축복함으로 하자. 하늘에 쌓는 것이다.'라고 생각하면 쪼들리는 생활비도 기꺼이 감수하고 많은 염려를 내려놓게 된다. 그때, '나는 부자'라고 느낀다. 아이 유치원 교육비를 몰아서 내는 달이 오거나 집안에 큰일이 있어서 목돈이 필요할 때, 내년에 분가할 때 전세금을 어찌 마련하나 하는 생각을 하다 보면 여전히 마음이 무겁지만, 염려가 되지는 않는다. 아무리 생각해도 언제든 기꺼이 나눠 줄 마음이 있는 우리는 부자이기 때문이다.

JP&SS의 가계 재정 원칙

1. 십일조를 드릴 때마다 돈을 주시고 받으시는 분이 하나님임을 확인하고 기도한다.
2. 3만 원 이상 지출 시에는 서로에게 사전 보고한다.
3. 집 장만에 목숨 걸지 않는다.
4. 대접하고, 돕고, 위로하고, 축하하는 모든 돈은 '하늘에 쌓는 재물'이다.
5. 다른 사람을 대접하거나 선물을 할 때는 선택할 가능성 중 최상을 선택한다.
6. 구매 광고에 귀가 번쩍 뜨일 때는 의식적으로 '치! 뻥 치고 있네!' 하고 무시한다.
7. 부부의 우정과 성장을 위한 비용을 따로 비축한다.

함께 나눠 봅시다

1. 매달 얼마의 수입이면 적정한 행복을 유지할 수 있다고 생각하십니까?

2. 가계부를 쓰고 있습니까? 혹시 안 쓰고 있다면 어떤 방식으로 가계 수입 지출을 관리하고 있습니까?

3. 당신 부부가 하늘에 쌓는 재물이 있다면 그것은 무엇입니까?

… PART

3

결혼, 세워 가다

9
일하는 엄마의 슬픔과 기쁨

 이 땅에서 직장 생활 하면서 두 아이를 키우는 엄마. 얼마나 구구절절한 사연이 많을 것인가. '직장을 그만둬? 말아?' 하루에도 몇 번을 되뇐다. "엄마 가지 마." 하는 아이의 울부짖음을 뒤로 하고 나오는 출근길의 무거움이란. 양가 부모님의 전적인 도움을 받는 나로서는 늘 징징거리기는 하지만 보통 직장 맘들의 마음고생 몸 고생 평균치에 훨씬 못 미친다는 것을 알고 있다. 그럼에도 어쨌든 나름의 고통 속에 적응해 가야 하는 과정이었고, 그 과정을 통해서 내 천성에 들어맞는 나만의 모성을 찾아가는 것은 피해 갈 수 없는 과제다. 생전 처음 해 보는 엄마 노릇, 그것도 직장 생활과 병행하며 살아남는 나만의

노하우는 '끝까지 생각하기'와 '기록하기'였다. 육아와 관련하여 당혹스러운 사안에 부딪힐 때마다 끝까지 생각해서 내 나름의 원칙을 정하고 아이와 관련된 일들을 꾸준히 기록하는 것이다. 다음은 생각하며 기록하는 직장맘의 분투기 40개월의 '중간 보고서'라 치자.

큰 아이 채윤이가 7개월이 될 때까지 나는 직장맘들이 제일 선망하는 조건을 누리고 있었다. 친정엄마가 아이를 봐 주셨으며 내가 맡기고 찾는 방식이 아니라 엄마가 출퇴근을 해 주셨다. 게다가 직장과 집은 30분 이내의 거리에 있었고, 칼퇴근을 100퍼센트 보장하는 직장이었다.

채윤이가 7개월 되었을 때, 연로하신 몸으로 산후 조리와 양육을 감당하시던 친정엄마가 쓰러지셨다. 갑작스레 아이를 직장에서 두 시간이 걸리는 시댁에 맡기게 되었다. 갑작스레 벌어진 이 일 이후 내내 며칠을 울면서 지냈다. 시부모님은 "직장이 멀고 하니 주말에나 와서 아이 봐라." 하시는데도 저녁마다 그 먼 길 아이를 보러 갔고, 아침에는 출근길 내내 차에서 눈물 바람이었다. 울다울다 갑자기 '내가 왜 이리 울지?' 하는 생각이 들었다. 아이야 저녁이면 다시 만날 터이고,

친정엄마의 건강에 대한 걱정과 미안함 때문인가? 딱히 그것만도 아니었다.

눈물에서 헤어 나오기 위해서 그 눈물 바닥을 파헤쳐 보았다. 눈물을 다 퍼내고 난 저 깊은 바닥에는 '모성을 빙자한 자기 연민'이 있었다. 그 눈물은 내가 불쌍해서 나를 위해서 흘리는 눈물이었다. 그리고 그것은 엄밀히 말해서 본능적인 자기애와 그리 다르지 않다는 것도 알았다. 그런 울음은 아무리 울어도 아이에게나 나에게나 영양가가 없을 것이라는 생각도 들었다. 그로부터 조금은 자유롭고, 너무 무겁지 않은 나만의 모성의 길을 찾아가기 시작했다. 100점짜리 엄마는 하나님 외에는 없다는 사실을 인정하면서. 그때 이후로 웬만해서는 이런 식의 눈물을 흘리지 않는다. 직장과 육아를 병행하면서 이때와 비슷한 정서가 찾아들 때는(예를 들어, 아픈 아이를 두고 출근을 해야 하는 상황 등) 필요 이상으로 과장하여 슬퍼하지 않기를 위해서 노력했다. 징징거리지 않고 주어진 현실을 감당해 낼 담담함이 생겼달까.

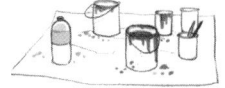

피어드는 글 #1.
채윤이에게

채윤아! 오늘 아침 엄마 아빠 출근하는데 유난히 힘들어하더구나. 채윤이 울음소리가 아직도 귀에서 쟁쟁거려. 출근해서 일을 하는데도 마음 한쪽이 저릿저릿 아파. 채윤이가 원하는 것처럼 엄마 아빠가 한 시도 채윤이 곁을 떠나지 않고 함께해 줄 수 있으면 참 좋을 텐데.

엄마는 '내가 엄마가 되면 최고의 엄마가 되리라. 100점 엄마가 되리라' 라고 오래전부터 마음먹고 있었단다. 꼭 그렇게 될 줄 알았어.

그런데 이제 엄마는 100점 엄마의 욕심을 버리려고 해. 100점 엄마는 애초부터 할 수 없었어. 현승이가 생긴 순간부터 엄마는 채윤이만의 엄마일 수는 없고, 현승이가 없다 해도 100점으로 채윤이를 사랑할 수는 없었을 것 같구나. 설령 엄마가 회사에 가지 않고 채윤이 옆에 있는다 해도 마찬가지일 거야. 무슨 말인가 하면, 그렇다 해도 채윤이는 슬픈 일이 있을 거라는 얘기야.

사실 채윤이가 엄마 뱃속에서 나온 그 순간부터 엄마를 떠난 것이나 다름없는 것 같아. 이것을 엄마 자신이 먼저 깨달아야 했었어.

채윤아! 채윤이에게 100퍼센트 행복을 주고, 어떤 슬픔의 여지도 남기지 않고 사랑할 또 다른 엄마를 소개하려고 해. 엄마는 아무리 노력해도 앞으로 채운이의 마음을 아프게 할 일이 많겠지만, 그분은 어떤 일에도 채운일 실망하게 하지 않으실 거야. 그분은 엄마에게도 최고의 엄마이시거든. 채운이에게 '최고의 엄마이신 하나님'을 소개할 수 있어서 참 좋구나. 엄마가 할 수 없는 부분들에 대해서 하나님 그분이 엄마에게 하셨듯이, 채운이를 사랑하고 보호하실 것을 믿고 감사한다. 채운아! 다만 엄마가 할 수 있는 만큼 채운이를 사랑한다. 엄마가 할 수 없는 부분들에 대해서는 늘 기도할게. 채운이가 걸음마를 혼자 했던 것처럼 혼자 걸어서 하나님을 만나는 것에 다다르도록 그렇게 기도할게. 울음이 길지 않고, 안 되는 것에 대해서 빨리 포기할 줄 아는 채운이가 아침의 슬픈 감정들 빨리 털어 버리고 어린이집에서 즐겁게 지냈으면 좋겠다. 오후에도 할아버지 할머니와 즐겁게 지내길 기도할게. 하나님처럼 사랑할 수는 없지만 온 힘을 다해 그 사랑을 닮으려고 노력할 거란다. 화내는 대신 더 많이 들어 주고, 기다려 주고, 이해해 주는 엄마 될게. 귀여운 채운아, 안녕!

부부가 함께 직장 생활을 하는 상황에서 나름대로 육아 환경에 대한 원칙을 세웠다. 누구에게 아이를 맡기든 밤에는 반드시 우리가 데리고 잔다. 돈벌이를 위해서 아이를 돌보는 전문 베이비씨터^{babysitter}에게는 아이를 맡기지 않는다. 이 두 가지

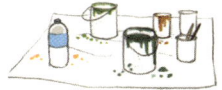

가 충족된다면 어떤 것이든 감수하기로 하고, 그래도 방법이 없다면 두 사람 중 한 사람이 당분간 일을 그만두기로 했다. 결국, 최선의 선택은 시댁 근처로 이사하는 일이었다. 이 때문에 져야 하는 어떤 부담이든 감수하기로 하고.

아이와 함께 낮 시간을 보낼 수 없는 것에 대해서 안타까워하기보다는 함께 보내는 저녁 시간이 질적인 시간이 되도록 해야겠다는 생각이 들었다. 일단 퇴근해서 함께 있는 시간에는 있는 힘을 다해 놀아 주기. 남편과 합의하여 될 수 있으면 저녁 식사를 해결하고 들어가 아이와 놀아 주는 시간을 최대한 확보하기로 했다. 사실은 놀아 주는 시간이 아니라 노는 시간이지만. 놀이가 아이들의 발달에 전인적으로 좋은 영향을 미치기 때문에 교육 차원에서 부모의 임무를 수행한다기보다는 최고의 즐거움을 만끽하는 시간이었다. 아직 '엄마' 소리도 못하는 아이를 앞에 앉혀 놓고 기타 치고 노래하고, 블록을 쌓고, 춤을 추고 신나게 놀았다. 한 개의 블록 위에 또 하나의 블록을 제대로 올려놓지도 못하던 아이가 이제 블록으로 집을 짓고 그 속에서 상상 놀이를 할 정도로 자랐다. 그렇게 놀이가 발전하는 40개월 동안 내가 그 안에서 누린 기쁨은 무엇과도 바꾸기 어려운 것이다. 그리고 다시 돌아가려야 돌아갈 수도 없는, 내 인생에 딱 한 번 있을 즐거움이리라.

끼어드는 글 #2.
바닥에서 밥 먹으면 어떻게 되나?

혼자 뭐라 뭐라 하면서 상상 놀이에 빠져 있는 채운이.
이때 누가 "채운아!" 누가 이러면,
"응, 나 지금 채운이 아니거든. 나 의사 선생님이거든." 한다.
오늘은,
"나 채운이 아니거든. 엄마거든. 내가 엄마야. 정신실이 채운이야!" 하면서.
"자~ 채운아! 수제비 먹자. 엄마랑 같이 만들자!"
가짜 채운이 정신실는 드라마에 침 질질 흘리면서 빠져 있는 중.

가짜 엄마 : 자, 수제비가 다 됐구나. 이제 수제비 먹자. 일루 와.
가짜 채운 : (드라마에서 눈을 못 떼고) 엄마! 나 여기서 먹을래요.
가짜 엄마 : 뭐? 엄마 얘기 들어봐. 여기가 어디야? 부엌이야? 아니지? 식탁이야? 아니지? 밥은 어디서 먹어야 되지?
가짜 채운 : 그래도 여기서 먹을래요.

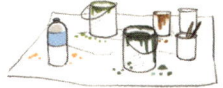

가짜 엄마 : (제법 단호하게) 안 돼. 식탁에서 먹는 거야. 바닥에서 먹으면 안 돼.

가짜 채운 : (최대한 말을 시켜 놓고 그 사이에 드라마 보려는 속셈으로) 왜요? 엄마.

가짜 엄마 : 음……, 여기는 어디야? 바닥이지? 음……, 바닥이니깐. 여기서 먹으면……, 음……, (막 버벅거리다가) 음……, 죽어!

가짜 채운 : (오잉!) 죽어요?

가짜 엄마 : (훌륭한 답을 얻었다는 듯, 자신 있게) 그래. 죽고 또 그 담에는 이빨이 다 썩어.

가짜 채운 : 아~ 그렇구나. 엄마 거기서 먹을게요.

내가 해 줄 수 없는 것에 집중하기보다는 해 줄 수 있는 것에 온 힘을 다하기로 하면서 양육은 더욱 신이 나는, 삶에 즐거움을 더해 주는 일이 되는 것 같았다. 게다가 자라나는 아이는 시도 때도 없이 의외의 웃음을 선물로 주고 있었다. 이렇게 말이다.

띄어드는 글 #3
함께하시는 성령님

녹차 우린 물에 화상을 입은 채운이 다리가 조금씩 아물고 있을 때였다. 잠자기 전 느슨해진 붕대를 다시 감아 주며 살짝 드러난 상처 부위를 보니 데이던 순간이 다시 떠올라 아찔했다. 안타까운 마음에 엄마 자신을 위한 기도가 필요했다.

"채운아! 엄마가 기도해 줄까?"

"응? 그래."

"하나님! 우리 채운이 이렇게 아픈데도 잘 놀게 해 주셔서 감사합니다. 내일 또 치료 받으러 병원에 가요. 잘 참을 수 있도록 도와주세요. 예수님 이름으로 기도합니다. 아멘!" "엄마가 기도해 줬으니까 내일 치료 받을 때도 아프더라도 잘 참을 수 있지?"

(자신 있게) "응, 하나님도 내가 치료 받을 때 옆에 계신대."

(갑작스런 채운의 고백에 감동받은 엄마) "어? 우리 채운이 그거 어떻게 알았지? 지난번에 처음 응급실 갔을 때도 하나님이 같이 계셨는데 알고 있었어? 성령 하나님이 채운이 옆에서 함께 마음 아파하시고 만져 주셨는데……."

"맞어! 성경(?) 하나님이 채운이가 아프니까 슬퍼서 눈물이 이렇

게 쪼금 나왔대.(점점 흥분) 엉엉엉~! 이렇게. 그런데 엄마, 어떤 친구들은 입을 벌리고 울다가 눈물이 입으로 들어갈 때도 있대. 깔깔깔깔~! (다시 정색하고) 그런데, 성령님이 위로도 해 주신데~!"

"와! 그거 엄마하고 성령님만 아는 비밀인줄 알았는데 채운이도 알고 있었네. 성령님이, 위로해 주시는 분이야. 내일 치료 받을 때도 성령 하나님 함께 계실 거니까 우리 채운이 정말 좋겠다."

"맞어! 그런데 나는 내일 치료 받을 때 그냥 외삼촌이 왔으면 좋겠어. 가짜루 말구 진짜루 왔으면 좋겠어."

"왜? 하나님은 진짜로 안 오셔?"

(당연하다는 듯) "응! 가짜루 오시지~!"

둘째를 낳으면서 이런저런 상황으로 아예 시댁과 합가를 하게 되었다. 아이 하나를 두고 양육자가 둘(우리 부부, 부모님 부부)인 것은 쉬운 일이 아니다. 아주 사소한 것부터 때로는 근본적인 세계관에 관련된 사안들까지 생각이 다른 경우가 허다하기 때문이다. 아이들 먹는 음식의 간을 맞추는 것부터, 옷을 입히는 취향, 넘어져 우는 아이에게 주는 피드백(바닥에 '뗏지' 시키기)……. 이런 부분에서 쿨하기가 쉽지 않았다. 양육 권리가 내게 있다고 생각하면 늘 속상한 일뿐이었다. 어느 순간부터 우리가 우리 힘으로 양육하지 못하고 부모님의 힘을 빌리는 이상 양육권의 50퍼센트는 부모님께 있다고 의식화하기 시작했다. 둘째를 낳은 이후로 큰 아이가 어찌나 할아버지께 찬밥이 되었는지……, 내리사랑이라니 아직 어린 아기가 더 예쁘시기도 하고 게다가 가부장적일 수밖에 없는 아버님께 아들 손주는 더더욱 특별할 수밖에. 엄마 아빠의 의식과 상관없이 차별 아닌 차별을 받아야 하는 큰 아이를 보면서 속이 상해서 말이다. 한두 번 조심스레 말씀을 드려 보지만, 그 효과는 한두 번이다. 이렇게 부모님과 함께 살며 아이를 키우는 엄마의 땅 꺼지는 걱정 속에서도 딸은 엄마처럼 기죽지 않고 할아버지 할머니와 당당하게 맞서고 있으니 위로가 될 수밖에.

끼어드는 글 #4
우리 시어머니한테 화장실 청소시키는 무서운 사람

어머니께서 젖은 머리를 하고 화장실에서 나오신다. 웃음이 터져 말씀을 잇지 못하신다.

"나 참 쟤 때문에……, 내가……, 아유……." 내용인즉슨,

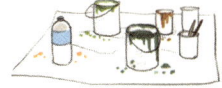

머리 감고 화장실 청소하고 계시는 할머니께 채운이 다가간다.

채운이 : 할머니 뭐하세요?

할머니 : 화장실 청소하지.

채운이 : 그러면 할머니 화장실 청소 다 하고 우리 화장실도 청소하세요.

할머니 : (이게 어디다 대고) 뭐? 너희 화장실은 네 엄마가 해야지 왜 내가 해?

채운이 : 할머니가 우리 화장실에서 똥 싸잖아요? 그러니까 할머니가 해야죠.

(우리 쪽 화장실에 비데가 설치돼 있어서 할머니가 이쪽을 애용하신다.)

세상에 무서운 것 없는 나의 시어머니한테 화장실 청소 시키는 무서운 존재가 있으니. 바로 내 딸!

피어드는 글 #5.
뚜~우~ 0. 3. 1. 5. 7. 6. ****

"여부세요. 채운인데요, 누구 바꿔드릴까요? 안녕하세요?

(여기까지 의무적으로, 사무적으로 매우 빨리.)

엄마! 어, 유치원 갔다 왔어.

그런데 엄마 팀장님한테 말하고 빨리 채운이한테 여기루 와.
그럼, 아빠라도 교수님한테 말하고 채운이한테 오라구 해.
지난번에 교수님한테 말하니까 아빠가 일찍 낮에 집에 왔잖아.
그때, 교수님이 아빠 집에 가라고 해서 교수님 진짜 대단하지? 또 그렇게 하라구 해.
빨리 와!
엄마! 언니들 치료 다 해 줬어? 노래했어? 채운이도 노래해 줘. 키보드 키고 채운이 방에서 춤춰.
현승이 바꿔 주게. 현승이 불러 봐. 현승아! 엄마야. 엄마 해 봐.
엄마 이따가 배띠킨라빈스 아이스크림 사 와.
나 할아버지 말씀 쪼끔 안 들었어. 일부러 안 들었어. 할아버지는 나쁜 놈이야. 비디오 안 틀어 줘서.
엄마! 안녕! 뚜우 뚜우 뚜우 뚜우……."

　원칙을 세운다고 해서, 아이의 작은 변화를 관찰하고 기록한다고 해서 엄마 노릇이 쉬워지는 것은 아니다. 아침마다 아이를 떼 놓고 나오는 그 순간 저릿한 통증의 강도가 하루하루 나아지는 것도 아니다. 다만 세상이 주는 원칙과 내 미성숙한 본성에 따라 엄마 노릇 하기란 더 많은 마음의 분열과 죄책감

만 낳을 뿐임을 알기에 나름대로 해 보는 몸부림이었다. 앞으로 더 많은 날을 엄마로 살아가야 한다. 유일하신 100점 엄마, 하나님 그분을 따라 흉내 내며, 매일 그분 앞에서 배우며 이 길 가리라.

 함께 나눠 봅시다

1. 육아에 관련된 구체적인 일들(기저귀 갈기, 우유병 삶기, 아기 목욕 시키기, 재우기 등)에 아빠는 어느 정도 참여하고 있습니까? 부부가 현재 육아 분담에 대해서 만족하고 있습니까?

2. 부부 외에 육아를 도와주시는 분이 있습니까? 각자 처한 상황에서 좋은 점, 어려운 점 등을 나눠 봅시다.

3. '엄마라서', '아빠라서' 행복했던 경험을 하나씩 나눠 봅시다.

10

반쪽의 소명을
찾아서

JP 결혼-1년, 첫 번째 꿈을 접으며

결혼 전 나는 꿈꾸는 청년이었다. 최덕신 씨의 "주님 내가 여기 있사오니"란 노래를 온몸으로 부르며 하나님 나라를 위해 이 한 몸 불사르겠다는 마음으로 20대를 보냈다. 하나님 나라와 복음, 조국 교회를 위해서 내 몸을 산 제물로 드리겠다는 기도를 종종 하곤 했다. 통일 이후 북한으로 들어가 아이들을 가르치는 선생이 되는 건 어떨까? 그 꿈을 위해서 매일 복음을 살고, 통일을 위해 기도하고 헌신하는 오늘을 살자. 이런

마음으로 매주 한 끼씩 금식하며 골방에 들어가 낙타 무릎 되기를 소원했고, 날마다 성경을 향한 존재가 되기를 갈망했다.

그리고 마침내 평생의 반려자를 만나 경건하게 내 꿈을 소개하고 그 비전으로 그녀를 초대할 기회를 잡았다. 얼마나 기다렸던 순간이던가! "나도 당신의 꿈에 동참하겠어요. 우리 함께 그 꿈을 꾸어요." 당연히 이런 대답이 나와야 하지 않을까? 그런데 그건 단지 희망 사항이었을 뿐! 그 여인은 내 아내 되기는 허할 수 있으나 사모 되기는 거절한다는 뜻을 내비쳤다(적어도 내가 해석하기에는). 그 이후 내 내면에서 활활 타오르던 꿈은 아주 빠른 속도로 사그라졌고, 신학으로 향하는 문은 재빠르게 닫히는 소리가 들렸다. 오래지 않아 나는 아내를 얻는 대신 신학대학원 입시 준비를 포기해야만 했고, 아내의 손을 잡고 장로회신학대학교 도서관에서 모든 짐을 챙겨서 나왔다.

내 꿈에 대해서 아내와 함께 깊은 이야기도 나눠 보지 않은 채, 또 다른 문이 열렸기에 '이건 하나님의 뜻이다'고 생각하며 받아들였을 뿐이다. 하나님께서 새로운 꿈을 주셨다고 하면서 속으로는 여전히 '아내 때문에 내가 꿈을 포기했다'는 생각을 버리지 못했다. 그러나 이런 생각이 얼마나 서로에게 고달픈 짐이었는지 그 때는 잘 몰랐다. 우리가 서로의 꿈을 나의 꿈으로 받아들이게 되기까지 몇 년 동안 나는 아내에 대한 본의 아닌 원망을, 아내는 내 길을 가로막은 것에 대한 죄책감을 마음 깊은 곳에 감추고 살아야 했다. 그렇지만 나는 내 삶을 거룩한 꿈으로 포장하는 데 참 탁월하고 기민하지 않았던가! 두 마음을 품고도 잘 살리라 생각했으니 말이다.

결혼-1년, '그의' 꿈 이야기

"남자가 경제력이 있어야 결혼을 시켜 주지!" 하신 부모님의 한마디에 우리의 결혼은 답보踏步 상태에 빠졌다. 그러던 어느 날, 장로회신학대학교 도서관에서 함께 공부하던 중 '기독교윤리실천운동'이하, 기윤실에서 연락이 왔다. 간사로 일해 보지 않겠느냐는 것. 두 번 생각해 보지도 않고 가방을 싸서 도서관을 나왔다. 그리고 한강 변에 앉아 지는 노을을 바라보면서 성큼 다가온 결혼을 그리며 행복했다.

이때, 우리는 신학을 접는 문제에 대해서 그리고 기윤실 간사로 일하는 것에 대해서 그저 하나님의 인도라고 막연히 생각할 뿐, 이 일에 대해서 함께 대화하지 않았다. 돌이켜 보면 나는 이미 신학을 하고 목회를 하겠다는 남편을 받아들이고 있

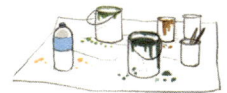

었음에도 당시 내가 보였던 미온적인 지지는 남편에게 결코 '동의'로 간주되지 않았던 모양이었다.

문제는 (내 편에서는) 동의인지 아닌지, 어떤 면에서 적극 지지해 줄 수 없는지, (남편의 처지에서는) 왜 신학을 해야 하는지에 대해 상대에게 묻지도 대답하지도 않았다는 것이다. 남편은 막연히 내가 동의하지 않는다고 생각했고 나는 나대로 '포기할 만하니까 포기했겠지!'라고 생각했다. 그때, 우리는 손을 맞잡고 장신대 도서관을 나왔지만, 우리 각자의 꿈은 손을 잡기는커녕 서로에 대해 관심도 없는 남남이었던 것이다. 그저 이제는 결혼할 수 있다는 생각에 룰루랄라 하면서 그 이상 생각하지 않았다.

JP 결혼+2년, 두 번째 꿈을 접으며

나는 아내 때문에 미루어 두었던 꿈을 깊은 곳에 꽁꽁 묶어 둔 채 새로운 꿈을 꾸기 시작했다. '기독시민단체'에서 간사로 일하게 된 것이다. 오래전부터 꿈꾼 건 아니었지만, 그 일의 철학과 비전을 습득하는 데는 누구 못지않게 빨랐다. 나는 간사 생활의 일거수일투족을 그 단체 강령의 조명 하에 비춰 볼 수 있었고, 언제 어디서든 내 사명을 확신 있게 말하고 기술하는 데 주저함이 없었다.

그러나 시민 단체는 총알과 포화가 날아다니는 전쟁터와 같다. 실전이었다. 전쟁터에는 실전에서 단련된 노련하고 탁월한 군인이 절대적으로 필요하다. 그렇지만 나는 아직 제식 훈련조차 제대로 몸에 배지 않은 훈련병 같았다. 나는 적과 싸워야 하는 동시에 무능감과도 싸워야만 했다. 어쩌면 그 싸움의 전선은 30대 초·중반을 사는 젊은 남성들이 겪는 고민의 전형일지도 모른다. 가정에서의 절대적인 기대와 자존심은 날마다 직장에서 탁월함이란 전투 속에서 뭇매를 맞아야만 했는데, 나는 어서 빨리 그 악몽으로부터 깨어나고 싶었다.

두 번째 꿈을 접고 싶어 몸부림칠 때마다 아내는 내 꿈에 날개를 달아 주고자 했다. 그게 아내로서는 당연한 일이었으리라. 그러나 나는 양쪽에서 밀고 들어오는 이중 부담감 탓에 조용히 내면의 전쟁을 치르고 있었다. 암튼, 나는 양육을 이유로 결국 사직서를 냈다. 또다시 꿈은 접혔고, 나는 첫 번째 가졌던 꿈의 지연을 원망하려는 유혹과 또다시 싸워야만 했다. 그렇지만 이 싸움을 아내와 함께하지는 못했다. 왜냐하면, 그건 아내를 두 번 죽이는 것이라고 생각했기 때문이다.

SS 결혼+2년, '당신의' 꿈 이야기

　기윤실에서의 사역을 버거워하는 남편을 느낄 수 있었다. 그럴 수 있다고 생각했다. 아무리 기독교 세계관을 잘 공부한 사람이라도 직장이 항상 즐거운 곳은 아닐 테니까. 일의 철학과 정신에 온전히 동의한다 해도 실제로 몸으로 부딪치는 잡무와의 괴리는 누구나 느낄 수 있는 거니까. 그러나 그 정도는 힘들어도 감수해야 한다고 생각했다. 조금씩 아주 조금씩 남편이 하고 있는 일에 대해서 부적절감이 위기로 다가왔다. '자신의 몸에 맞지 않는 옷을 입고 불편해 하는구나. 무엇보다 행복하지 않구나.' 그러나 그것 역시 가장이라는 책임감으로 감수해야 한다고 생각했다. 이 문제를 가지고 대화를 나눠 보지만 그의 고통을 이해는 할 수 있으나 공감할 수 없었다.

　그 정도면 자신의 비전에 들어맞는 일을 하는 것이 아닌가 하는 비난 섞인 전제를 가지고는 남편의 고통을 내 것으로 함께 나눠 주기가 어려웠던 것이다. 처음 신학에 대한 꿈을 접을 때보다는 많은 부분을 공감했지만, 여전히 그의 소명이나 꿈은 내 것이 되지 못한 채 사직에 동의했다.

　그리고 그때부터 기도하기 시작했다. "하나님! 제가 좋아하고 잘할 수 있는 일을 만난 것처럼, 남편이 좋아하고 잘할 수 있는 일을 만나게 해 주세요. 그것을 찾을 수 있게 해 주세요." 이렇게 기도하면서부터 남편의 꿈은 서서히 나의 꿈이 되기 시작한 것 같다.

JP 결혼+4년, 세 번째 꿈을 접으며

두 번의 꿈을 접은 후 내가 세 번째 꾼 꿈은 교사였다. 그러나 이 역시 보기 좋게 신기루같이 사라졌다. 다섯 번에 걸쳐 쓴 이력서는 그 어떤 면접관의 기억 속에도 각인되지 못했고, 나는 더는 무슨 꿈을 꿔야 할지조차 알지 못했다. 그러나 뜻밖에도 전혀 예상치 못한 방식으로 미뤄 뒀던 학문의 길이 앞에서 활짝 열렸다. 하고 싶었던 공부를 할 수 있게 된 것이다. 그러나 한 학기를 마치고 두 아이를 키우며 학비와 생활비 문제로 다시 위기가 찾아왔을 때, 비로소 나는 '꿈'이라고 불리는 모든 '꿈'에 대한 허상을 내려놓기로 했다. 그동안 내 마음을 불안하게 만든 것은 내 마음 밑바닥에 자리잡고 있는 심각한 허상이었음을 안 것이다. 비전이라는 명목으로 내 욕망을 충족시키려고 했고, 명예롭게 보이는 일을 꿈꾸면서 그것

을 하나님의 이름으로 덧칠하는 데 익숙했던 것이다. 게다가 아내와 함께 꿈을 만들어 나가는 일에도 숙맥이었다. 그저 내 꿈을 아내에게 주입하지 못해 동동 발을 구를 줄이나 알았지, 두 사람이 합력하는 신비에는 결코 눈을 뜨지 못했던 것이다.

어느 이른 아침, 아내는 출근하고 혼자 남아 설거지를 하고 있는데 깊은 곳에서부터 눈물이 쏟아졌다. 사람들의 기대, 자존감, 꿈, 자만심, 그리고 무기력과 무능감까지 모두 씻어 버려야겠다는 생각에 예배를 드리듯 설거지를 했다. 그리고 오랫동안 내가 꿈꿔 오던 느헤미야의 리더십은 어느새 성전 재건축에 땀을 흘리는 이름 없는 한 일꾼의 얼굴로 바뀌고 있었다. 그리고 그 얼굴의 윤곽이 드러날 즈음, 나는 그 얼굴을 선명하게 알아볼 수 있었는데, 그 얼굴은 바로 내 모습이었다. 그래, 느헤미야가 아니라 이름 없이 맡겨진 구역의 성벽을 쌓는 인부 한 사람, 그 인생이어도 충분하다. 그런 일일지라도 그게 내 소명이라면 기쁨으로 받아들이는 것, 그것이 이제 내 꿈이다.

SS 결혼+4년, '우리'의 꿈 이야기

남편이 교사가 되고자 여기저기 중·고등학교에 원서를 넣고 좌절될 때부터 나는 비로소 그가 앉은 그 자리에 앉아서 남편의 꿈을 바라보기 시작했다. 그즈음, 나는 출근하고 아이는 시댁에 맡기고 남편이 홀로 집에 남아 있었는데 그런 남편을 바라보는 내 마음이 참으로 편안했다. 내 이름으로 된 직장 의료 보험에 남편이 올라와 있는 것도 싫지 않았다. 게다가 부끄럽지도 않았다. 그렇게도 사람들의 이목에 연연하며 멋지게 보이는 것에 연연하는 내가 말이다.

하나둘 지원서를 넣었던 학교로부터 '죄송합니다. 유능한 선생님을 모실 수 없게 되어……, 어쩌고저쩌고' 하는 우편물을 받아 보면서도 마음이 조급해지지 않았다. 다시 공부를 해보겠다는 남편의 제안에도 적극 동의할 수 있었다. 그러고 나서 시작한 석사 과정, 정말 열심히 공부하는 남편을 보면서 결혼 후 한 번도 보지 못한 '자신의 몸에 맞는 옷'을 입은 그의 모습을 확인하기도 했다. 아, 이 남자는 어쩌나 공부 체질인지 말이다.

한 학기를 마치고 2학기를 준비하던 어느 날 우리는 한강변 어느 찻집에 앉아 있었다. 남편도 나도 서로의 꿈에 대해서 정말 진지하게 듣고 나눌 준비가 되어 있었다. 공부를 그만두겠다는 것이다. 이제 어떤 일이든 의미 있게 적응하며 할 수

있겠다는 것이다. 그 의미를 충분히 알 수 있었다. 그 찻집에서 우리가 나눈 대화는 남편의 결정에 동의냐 반대냐 하는 수준의 대화가 아니었다. 더는 남편에게 소명은 '미래의 어느 날, 저기, 멀리 있는 것'이 아니라, '오늘 바로 여기에서 그분을 위해'가 되었다는 걸 이미 내가 알고 있기 때문이었다.

JP 결혼+5년, 꿈을 접으니 꿈이 생기더라

아내와 가족이 사사건건 내 발목을 잡고 있다는 생각에 아내 몰래 숨겨 둔 분노가 있었다. 아내와 내가 한 몸으로 묶여 있다는 것이 체화體化되지 않은 것이라고 정리가 된다. 그때 아내는 나의 꿈, 나의 소명에 관한 한 설득 대상이지 대화 상대가 아니었다. 아이들 역시 자신만이 고유한 세계를 사는 독립체가 아니라 나를 중심으로 돌고 있는, 돌아야만 하는 위성에 불과했다. 결혼으로 나를 부르신 하나님은 이런 철딱서니 없는 꿈을 미워하시는 것 같다. 하나님은 나를 이제 가족이라는 공동체로 부르신 것이다. 우리는 한배를 탔고 꿈은 공유되어야 한다.

가끔 아내에게 우스갯소리로 하는 말이 있다. "내가 지금 현승이 내복 손빨래하다가 혹 죽는 일이 있다면 순교인 줄 알아. 작은 일에 충성하다 갔으니 이처럼 큰 순교가 어딨어?" 이제 소소한 일들도 함께 나누는 일이 습관이 되었고, 작은 일들 속에서 아내와 함께하는 즐거움을 조금이나마 알 것 같다. 그렇다면 그 어떤 일이라도 지금처럼 할 수 있지 않을까? 아내와 함께 꿈을 공유하면서 말이다.

결혼+5년, 절반의 꿈을 찾아가며

결혼 전, 학부 전공을 버리고 늦게 다시 음악 치료를 공부하고 지금에 이르렀다. 이 모든 과정에서 내 소명을 확인했고 '다 이루었다'고 생각하며 지내왔다. 그러나 지금은 아니다. 나의 꿈은, 나의 소명은 아직 반쪽밖에 찾지를 못했다. 나머지 한쪽은 아직 찾아가는 중, 진행형이다.

남자는 나가서 돈을 벌고 여자는 살림한다거나, 혹 여자가 돈을 번다 해도 그저 가계를 조금 돕는 수준이 되어야 적당하다는 식의 사고. 이런 사고를 하는 어떤 사람들은 가끔 나를 추켜세우면서 아직 공부 중인 남편을 은근히 비하하려는 속셈을 드러낼 때가 있다. 이런 시도가 읽힐 때에도 남편이나 나 그

다지 흔들리지 않는다. 평생을 함께 배우고 또 찾아내야 할 소명을 위해 우리는 하나로 묶였고, 오늘 여기를 기쁨으로 사는 그것이 진정한 소명을 찾아가는 가장 빠른 길임을 알기 때문이다. 오늘도 나는 기도한다. "하나님, 제가 음악 치료사가 되어 그 오랜 방황이 바로 이 자리를 향함이었음을 고백하며 기뻐했던 것처럼 남편의 그 자리도 주실 거지요? 제 반쪽의 소명 역시 그렇게 찾게 해 주실 거지요?"

 함께 나눠 봅시다

1. 결혼 전 품었던 꿈(직업과 소명)을 나눠 봅시다.

2. 배우자가 진심으로 하고 싶은 일이 무엇인지 알고 있습니까?

3. 배우자가 자신의 꿈에 한 발짝 다가가기 위해서 오늘 내가 도울 수 있는 것은 무엇일까요?

11

가장 리더십, 부부 파트너십

JP

얼마 전 당신이 내게 화난 표정으로 '무늬만 페미니스트'라고 한 말을 곱씹어 생각해 봤어. 사실 나 자신을 페미니스트라 생각해 본 적도, 페미니스트라 불리고 싶은 적도 없는데 말이야. 언제는 내게 그 누구보다도 더 훌륭한 페미니스트라고 칭찬하더니, 주일 아침 식사 준비와 정리에 소홀했다고 며칠도 안 가 '무늬만 페미니스트'라고 비난하니 이걸 어떻게 받아들여야 할지 참! 내가 설거지를 안 하고 팽개쳐 둔 건 사실이지만, 당신 말처럼 귀찮아서 그랬다거나 몰지각하게 텔레비전에

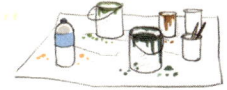

푹 빠져서 그런 건 아니었거든. 될 수 있으면 텔레비전을 안 보려고 했지만, 토론 이슈와 인물이 내 시선을 뺏어 간 걸 어떻게 해. 내용이야 어쨌든 텔레비전 앞에 오래 앉은 나머지 당신을 돕지 못한 건 정말 미안하게 생각해. 그렇지만 실망과 포기의 메시지로 읽힐 만한 그런 표정과 말투로 "당신은 무늬만 페미니스트야."라고 말한 건 처벌치고는 너무 과한 거 같아. 칭찬받고 우쭐해져 있다가 금방 다시 꾸지람 들은 베드로의 기분이 조금 이해되네.

나는 전통적인 가장의 이미지가 내 의식과 습관 속에 어른거리지 않나 자주 살피는 편이야. 내 기질이기도 하고 철학이기도 하단 걸 당신도 잘 알 거야. 그렇지만 한국 남성의 유전인자 때문인지 어려서부터 학습된 인식인지 그것도 아니면 단지 내 게으름 때문인지는 잘 모르겠지만, 종종 꼴불견 같은 가부장적인 모습을 보여 줄 때가 있다는 거 인정해. 하지만 페미니스트인가, 아닌가라는 기준으로 내가 평가받는 건 좀 그래.

SS

홧김에 한 말을 가지고 너무 심각해지는 거 아니야? 누가 들으면 나는 맨날 남편 설거지나 시키고 손빨래하다가 순교할 결심까지 하게 하는 악처로 알겠네. 맞아! 당신 말대로 '페미니스트'라는 잣대로 당신을 평가하는 것은 부적절했던 것 같아. 언젠가 당신에게 "당신은 페미니스트야?" 하고 물어본 적이 있었지. 그때 당신은 "페미니스트? 나 결혼하고는 그런 생각해 보질 못했는데. 결혼 전에야 그쪽 책 읽으면서 나름대로 이런저런 생각을 안 한 건 아니지만. 에이~! 뭐 그냥 열심히 사는 거지 뭐." 이런 대답을 했던 것 같아.

당신 자신을 페미니스트라고 생각하든 말든, 내가 보기엔 페미니즘을 논하는 데 부끄러움 없을 남자 중 하나야. 아마 그때도 그렇게 말했던 것 같고. 어떤 남편들은 자기 아내의 머리 스타일에 대해서 절대적으로 생머리, 절대적으로 긴 머리 등을 고집하기도 한다지만, 당신은 "하고 싶은 스타일을 해 봐" 하고 말하곤 하잖아. '내 여자에 대한 애정 표현'이라는 그럴듯한 명분을 빌어서 하는 취향의 강요 같은 것을 하지 않아. 그래서 '이 남자는 딱히 좋아하는 스타일이 없나 보다'고 생각했었는데 그런 것도 아니더군. 암튼, 막연히 아내한테 잘한다기보다는 (사실 그렇게 잘하는 편도 아니지 않아?^^) 여성, 아내에 대해서 가부장적 사회가 주는 편견을 가지고 대하질 않지. 가장 내

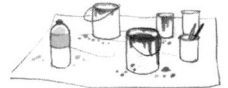

지는 남편으로서의 권위 의식이 없다는 것, 그 점이 훌륭하다는 얘기였어.

　이런 점을 당신의 장점으로 인정하기까지는 쉽지 않은 시간이 있었던 것 같아. 페미니스트라는 말이 어울리지 않듯이 '가장'이라는 용어 역시 왠지 당신과 딱 맞아떨어지지 않아. 결혼하고 얼마 동안 나는 '가장이라는 신화'에 당신을 꿰맞추느라 혼자 안간힘을 썼던 것 같아. 민주적인 것도 좋고, 아내를 향해서 권위적이지 않은 것도 좋아. 그러나 "여보! 나만 믿고 따라와. 내가 당신의 인생을 책임져 줄게!" 하면서 나를 끌고 가겠다는 결연한 의지를 보여 줬으면 하는 이율배반적인 요구를 하고 있었던 것 같아. 그러면서 '이 남자는 가장으로서의 정체성을 가지고 있기나 한 것일까?' 하는 의심을 했었지. 그럴 때마다 매우 불안하기도 했었고. 도대체 '가장'이 무슨 의미인지도 모르면서 당신을 향해서 '가장'이 되길, '영적 가장'이 되길 요구했었어. 돌이켜 보면, 대체 '가장'이라는 이름으로 당신이 어떻게 해 주길 바라는 건지 나 자신도 모르면서 말이야.

JP

가장? 그러고 보니 가장이란 거추장스러운 옷을 벗어 버릴지 말지를 놓고 고민했던 기억이 나네. 결혼하고 얼마 안 있어서 그런 생각을 했지. 내 생각과 주장들이 당신한테서 퉁겨져 나온다는 걸 받아들이는 게 쉽지 않았어. 보통 남편이 진중하게 사건과 상황을 해석하고 설명해 주면 여자인 아내는 응당 "아 그렇구나. 맞아요, 당신 생각이 옳아요." 하는 그림이 나올 줄 알았는데, "너만 아냐? 나도 알아, 그러니까 그만 좀 해." 하는 식으로 듣기 싫어하는 당신을 보며 "이거 봐라. 내가 명색이 가장인데. 에잇! 가장은 무슨 가장? 말이 씨도 안 먹히는 가장? 당신이 가장 해!" 이렇게 선언해 버렸던 게 생각나네. 그랬지. 그땐 당신이 나보다 돈도 많이 벌고, 공부도 더 많이 했고, 나이도 나보다 더 많으니 당신이 가장하는 게 낫다고 생각했지. 당신을 설득하고 안심시키고 편안하게 그저 나만 믿고 따라오라고 할 만한 게 내겐 없다고 믿었던 거야. 글쎄 내가 돈 좀 많이 벌거나 직업이라도 좀 안정됐으면 좀 달랐을까? 암튼 '상호 불간섭'이랄까? 그냥 적당하게 거리를 유지하는 게 서로에게 편하겠다는 생각에 홧김에 해 버린 '가장 포기 선언'이라 모양새는 별로 안 좋았지. 그렇지만 결과적으로는 좋은

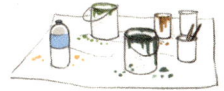

계기가 되었어. 알맹이 없는 '가장'이라는 상징을 일찌감치 포기함으로 '부부 파트너십'을 생각해 보고 거기에 매진해 볼 수 있었으니 말이야.

가장이라는 옷을 벗어 던지기는 했지만, 그렇다고 해서 내가 한 가정의 남편이요 아빠로서 책임과 역할까지 다 집어던지겠다는 건 물론 아니야. 요샌 대놓고 가장의 의무와 책임을 강조하는 젊은 사람은 별로 없어 보이지만, 그래도 가만 보면 남편이 경제적으로 정신적으로 그리고 영적으로 책임과 최종 결정권을 가져야 한다고, 그래야 집안에 질서가 잡힌다고 생각하는 사람들을 종종 만날 수 있지. 그렇지만 그건 남편과 아내 모두에게 버거운 짐이 될 수밖에 없는 것 같아. 남편은 남편대로 거추장스러운 옷을 입고 살아야 하니 힘들고, 아내는 아내대로 기대에 미치지 못하는 가장을 참아 내며 불만을 쌓아 가게 되고 말이야. 그리고 나는 주요한 일에 최종 결정권을 남편이 가져야 한다는 주장도 문제가 많다고 봐. 남성이 여성보다 더 머리가 똑똑하거나 더 논리적인 것도 아니고, 하나님이 여자보다 남자를 더 우수하게 지으신 것도 아닌데, 도대체 신체적 조건 말고 남성 여성을 가를 만한 근거가 있기나 한 건가?

남자 혹은 여자가 아닌 그냥 한 개인의 타고난 모습 그대로 서로 인정해 주고, 끌어 주고, 세워 주고, 채워 주고 그래서 서로 가장이 되고 서로 주부가 되면 될 텐데, 굳이 가장이란 책임을 혼자 지(우)려고 하는 이유는 뭐냔 말이야.

그러고 보면 "남편이 아내의 머리 됨이 그리스도께서 교회의 머리 됨과 같다"엡 5:23고 하신 바울 사도의 말도 문자 그대로 받아들이기에는 곤란한 점이 있는 것 같아. 당신이 교회 유치부 지도 교사로 봉사할 때 내가 유아실에서 아기 엄마들과 같이 기저귀 갈고 우유 타고 수다 떨며 보낼 수 있었던 건, 가장 의식과 체면을 기꺼이 버리겠다는 결연한 의지가 있었기 때문이란 걸 당신이 인정해 줬으면 해.

내가 가장의 권력과 의무를 포기하거나 나누려고 하고, 당신도 가장에 대한 기대와 요구를 나눠 가지려고 한 건 참 잘했다는 생각이 들어. 다만 권력을 당신과 나눠 가진 내가, 그렇다면 주부의 의무와 역할도 나눠 가졌어야 했는데, 내가 아직 거기까지는 제대로 못 나가니까 '무늬만 페미니스트'란 말을 들었겠지.

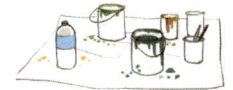

SS

며칠 전 강원도 다녀오던 길에 이런 생각을 했었어. 당신이 속이 거북하고 컨디션이 좋지 않아서 운전하면서 힘들어 하는 것 같더라고. "여보! 내가 운전할까?" 하고는 자리를 바꿔 앉아 운전대를 맡았지. 조수석에 길게 누워 잠시 눈을 붙인 당신을 보며 속으로 말했었어. "여보! 이거야! 사회 통념이 주는 틀에 사로잡혀서 무거운 책임감으로 힘들어 하지 말고 언제든 쉼이 필요하면 내게 핸들을 넘겨 줘. 나는 당신이 단지 남자라는 이유만으로 그 먼 길을 혼자 졸음을 이기면서 운전하는 것 원하지 않아. 물론 내가 조수석에 앉아서 졸음을 쫓을 재밌는 얘기와 피로를 가시게 하는 노래를 들려줄 수도 있지만, 때론 근본적으로 당신에게 쉼을 줄 수도 있거든. 어차피 우리가 가는 곳은 서울이고 어느 길로 갈지도 미리 얘기했잖아. 물론 내 운전이 당신보다 서툰 것이 분명하지만, 시간이 좀 걸릴 뿐이지 당신이 쉬고 있는 동안에 목적지를 향한 거리를 좁혀 놓기에는 충분해."

결혼 초 당신의 '가장 의식'을 의심할 때는 당신이 '나와 아이들을 위해서 하기 싫은 일을 억지로 해 주길' 바라고 그것이 가장의 의무이며 생활인의 자세라고 생각했어. 이제 다시 새로운 진로 결정을 해야 하는 당신에게 기대하는 바가 그때와는 많이 달라진 것 알아? 단지 '가장의 의무'가 아니라 당신 자신의 바람에 충실한 선택을 했으면 좋겠어. 물론 개체로서의 김종필이 아니라 정신실과 하나 됨에 충실한 김종필의 선택이 되겠지. 당신뿐 아니라 교회와 직장에서 만나는 '가장들', 가장의 짐을 지고 이 어려운 때를 살아가는 많은 남성 또한 그렇게 짐을 나눠서 지려 했으면 좋겠어.

JP

운전대 잡는 일에 그렇게 깊은 뜻이? '무늬만 페미니즘'이란 당신 말, 딱 맞는 표현인 것 같아. 입으로는 이미 양성평등을 다 실현한 사람처럼 하면서, 막상 내 의식과 습관 속에는 가부장적 사고와 관습이 이런저런 방식으로 표출되고 있으니 말이야. '남자인 내가 운전한다.' 그래, 그 생각 유지하는 게 참 힘든 일이었지. 피곤하고 졸려도 운전대를 잡는 것이 아내에 대한 사랑이고 남자로서 최소한의 의무이라고만 생각했거든. 당신이 충분히 운전할 수 있는데도 말이야. 그러고 보니 명색이 내가 교육 철학을 공부했는데 매주 날아오는 채윤이 유치원 교

육안 한 번 제대로 살펴보지 않았네. '그런 건 당연히 엄마가 하는 일이니까'라고 생각하며 밀쳐 뒀던 것도 전형적인 가장의 행태지? 간혹 음식물 쓰레기 버리러 갔다가 아줌마들하고 마주치면 부끄러워하면서 '이런 건 여자들이 해야 하는 거 아니야?' 하면서 불평하는 것도 마찬가지일 테고.

암기에는 탁월한 재주가 있는 당신이 컴퓨터 조작 기술에 맹한 걸 보고 내가 늘 놀리지. 그때마다 당신이 그렇게 항변해. 요리에 전혀 취미가 없는 나와 맛의 배합에 뛰어난 감각이 있는 당신과의 차이점과 같은 이치라고 말이야. 그래 맞아. 컴퓨터를 다루다 문제가 생기면 내가 선생이 되고 당신은 배우거나 조력자가 되지. 반대로 요리의 주방장은 당신이고 나는 보조가 돼서 조력해야 맛있고 행복한 식탁이 만들어지는 것이고. 분위기 띄우는 건 당신이 잘하고, 정신없는 분위기 가라앉히는 건 내가 잘하고. 세세한 정리 정돈은 내가 잘하고 전체적인 조화로움과 미적 판단은 당신이 잘하고. 아이들 양육에서도 마찬가진 거 같아. 당신은 흐트러진 아이들 잡아 세우는 데 능하고, 나는 경직된 아이들 풀어 주는 역할이 편하고.

그간 집안에 중요한 문제를 결정할 때도 마찬가지였던 것 같아. '나무'를 보는 데 탁월한 감각을 지닌 당신의 능력이 필요한 일엔 당신이 가장이 되고, '숲'을 보는 데 그래도 좀 나은 내가 나서야 할 땐 내가 가장이 되었어. 특히나 영적 리더십을 발휘할 때는 더더욱 그랬던 것 같아. 구체적인 기도와 응답에 민감한 당신이 얻는 통찰과 거시적인 차원에서의 비전을 유지하는 데 민감한 내가 얻은 통찰이 배합될 때 우리 참 행복해 했잖아.

나에게 가장이란 역할을 무리하게 요구하지 않고, 본연의 내 모습대로 드러내고 발휘할 수 있도록 지지해 주고 도와준 당신, 새삼스레 고맙네.

〃

자칭 페미니스트라는 남자들을 자주 보아 왔지만, 자신이 서 있는 바로 그 자리에서 '페미니스트'라는 이름으로 기득권을 포기하는 남자들은 잘 보지 못했어. 교인들의 가정을 보살피느라 자신의 가정을 돌볼 틈 없어서 정작 자신의 가족을 외로움에 버려두는 목회자들처럼 세상 모든 여성을 위해 논쟁을 할 수 있을지언정 아내를 향해서는 아주 작은 선택의 자유도

부여하지 않는 페미니스트 남편은 사양이야.

그런 면에서 '가장의 권위' 대신 '부부 파트너십'을, 집 밖에서 말로만 외치는 '구호로서의 페미니즘' 대신 치열한 손빨래와 걸레질의 일상을 몸소 실천하는 당신에게 이 시대 최고의 '페미니스트 남편상'을 수여하는 바야. 부상(副賞)으로는 당신이 그리도 목숨 걸고 의미를 부여하는 손빨래를 평생 할 수 있는 권한을 주겠어! 이만하면 '무늬만 페미니스트'라는 평으로 구겨진 자존심 다시 세우고도 남음이 있지?

세상의 가치관에 휩쓸리지 않는 당신의 사고 방식, 경직되지 않은 자세로 자신을 돌아볼 줄 아는 당신의 성품 덕분에 아내인 내가 누리는 복이 커. 고마워, 여보.

 함께 나눠 봅시다

1. 남성과 여성의 차이점은 어떤 것들이 있습니까?

2. 남편의 머리 됨 엡 5:23 에 대해서 어떻게 생각하십니까?

3. 당신 가정에서 크고 작은 문제들은 어떻게 결정하고 있습니까? 나의 약점을 보완하는 배우자의 장점은 무엇입니까?

12

할 수 있는 것만 하는 것은 사랑이 아니다

JP 듣기 싫은 공처가 소리

나는 종종 '공처가 아니냐?'는 의심을 받는다. 노골적으로 놀림 받는 일은 없었지만, 이런저런 우회적 표현으로 아내에게 쥐여산다는 메시지를 받곤 한다. 대부분은 아무렇지 않은 척 "허허" 웃어넘기지만, 마음마저 그런 건 아니다. 애처가라면 몰라도 어느 남자가 공처가란 소리를 달갑게 듣겠는가. '공처가'가 의미하는 게 뭔가? 남자답게 아내를 휘어잡지 못한다, 아내에게 휘둘린다, 아내 말에 꼼짝 못하고 기가 눌려 산다, 아

내가 하라는 대로만 하고, 하지 말라고 하면 안 한다……, 이런 뜻 아닌가. 암튼 "너 같은 놈 때문에 남자들이 망신당하는 거야."라는 그들의 메시지를 읽는 순간 기분이 상하는 것은 물론 결혼 생활에 대한 내 원칙에 대해 회의가 들기도 한다.

55 내가 좋아서 하는 요리?

직장 생활을 하면서 아이를 맡기고 출근해야 하는 바쁜 아침에도 참으로 극진하게 남편의 아침 식사 준비를 했었다. 둘째를 임신하고 만삭이 되어서도 아침이면 여섯 시에 일어나 국을 끓여 식사하고 출근을 했다. 그뿐만 아니라 밤에도 남편의 입에서 "좀 출출하다." 하는 얘기가 떨어지기 무섭게 집에 있는 재료를 긁어모아 뭔가를 만들어 바치기도 했다. 그러면서 내심 '이런 엄청난 섬김을 받다니 당신은 정말 결혼 잘한 거야. 나 같은 여자 만난 거 엄청난 행운인 거 알고 있겠지?' 하는 마음으로 기대한다. 내 섬김과 사랑 때문에 감동의 도가니가 되는 남편을 말이다. 그렇게 해서 또한 남편의 입에 마르지 않는 칭찬과 감사가 넘치기를……. 그러나 그때마다 돌아오는 반응은 내 기대에 훨씬 미치지 못하는 것들이었다. 감동은커녕 다

소 시큰둥하기까지 한 남편의 반응에 섭섭한 마음을 몇 마디 털어놓았던 어느 날. 남편의 한마디에 뒤통수 맞고 쓰러졌다.

"당신이 좋아서 하는 거잖아! 요리는 당신이 좋아서 하는 일이잖아!"

JP 그러나 들을 수밖에 없는 공처가 소리

나는 아내 앞에서 의도적으로 이런 노래를 부른다. "난 네가 좋아하는 일이라면 뭐든지 할 수 있어, 난 네가 기뻐하는 일이라면 뭐든지 할 수 있어." 신혼 때 이 노래 참 많이도 불렀다. 물론 지금도 유효하다. 더 강도가 센 노래도 부른다. 찬송가 "주님 뜻대로 살기로 했네"를 개사해서, "당신 뜻대로 살기로 했네, 여보 뜻대로 살기로 했네, 뒤돌아서지 않겠네."라고 말이다. 심지어 가끔 이런 문자 메시지를 보내기도 한다. (스스로 아내의 마당쇠임을 자처하며) "마님, 분부만 내리십쇼. 쇤네 준비돼 있습니다."

이렇게 노래를 부른다고 내가 늘 이렇게 될 수 있겠나? 그렇지 않다. 아니 어쩌면 내가 원하는 건 이런 노래를 아내가 부르면서 나를 왕으로 대접해 주길 바라는 것일지 모르겠다. '모

름지기 남자는 이래야 해!'라는 가부장적인 사고가 알게 모르게 나를 지배한다는 것을 알기에 애써서 나는 나의 본성을 거스르는 노래를 불러 본다. "그러니까 넌 공처가야."라고 말한다면 뭐 어쩔 수 없다. 나는 공처가다.

55 사랑한다면 전화하지 말 것?

결혼하고 한동안 '전화' 문제는 우리 부부의 끊이지 않는 갈등 원인이었다. 나는 틈만 나면 전화해서 "밥 먹었어? 뭐 먹었어? 오늘 늦어?"를 끊임없이 반복해서 묻고 대부분 남편은 차갑고 무뚝뚝하게 전화를 받는다. "왜 전화했어?" "그냥" "그냥(한심하다는 듯한 침묵)?" 여기까지 가면 나는 분위기 파악하고 "알았어. 끊어." 하고는 혼자 삐쳐 버리기. 일주일에도 몇 번씩 반복되는 일상이었다.

왜 그렇게 전화 한 통을 친절하게 받아 주질 않느냐고! 어차피 온 전화 친절하게 받으면 전화세 더 나오느냐고! 원망에 원망을 거듭하다가 남편의 정황을 조금씩 이해하게 되었다. 이 일 저 일을 한꺼번에 할 수 있는 나와는 달리 남편은 책을 읽건, 대화하건, 일하건 중간에 맥이 끊기는 걸 매우 싫어하는 사람이다. 가지런하게 질서 잡힌 자기 일에 몰두하다가 특별한 용건도 없이 '그냥' 건 전화 때문에 맥이 끊기면 다시 발동을 거는 데 에너지가 많이 필요한 사람이었던 것이다. 그러니까 남편의 무뚝뚝한 전화 태도는 내가 싫어서라기보다는 그런 부담들 때문이었다. 이 단순한 사실을 머리로 아니라 가슴으로 이해하는 데 얼마나 많은 시간이 걸렸던고?

그 이후로 나는 남편에게 전화하려고 자연스럽게 손이 갈 때마다 이렇게 되뇌었다. '남편을 사랑한다면 전화 한 번쯤 참을 수 있어야 해. 적어도 지금 내가 남편을 사랑하는 마음은 전화 한 번을 참는 것으로 보여 줄 수 있는 거야. 참자. 참자. 참아야 하느니라.' 내가 이렇게 노력하고 있는 동안 남편 역시 '친절하게 전화받자. 친절하게 전화받자'를 외치고 있었고……. 이런 노력으로 급기야 나는 남편에게 이런 메시지를 받기에 이르렀다. "여보! 요즘 왜 이리 전화를 안 해? 전화가 없으니 허전하잖아." 나는 당당하게 이렇게 답신을 보낸다. "요새도 용건 없이 전화하는 사람들 있나? 그런 사람들 도대체 이해가 안 돼."

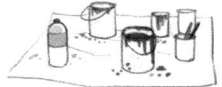

JP 사랑의 성숙을 위해서라면 공처가 소리 두렵지 않다

아내를 마님 대접하고 마당쇠를 자처하다 보면 '혹 아내가 머리 위로 기어오르진 않을까?' 하는 생각이 안 드는 것은 아니다. 그래서 처음에 꽉 잡아야 한다는 말에 새삼스레 유혹되기도 한다. "그런 식으로 자꾸 잘해 주면 버릇 나빠진다."는 선배들의 조언도 신경 쓰인다. 그렇지만 아내가 아니, 사람이 잡는다고 잡히는 존재인가? 잡는(힘으로 제압하는) 방식으로, 또는 한두 가지 기술을 익혀 다루는 방식으로 성숙한 관계, 신뢰의 관계가 만들어지느냐 말이다. 아내 위에 군림하려다 애쓰다 맘같이 되지 않는다 싶으면 적당히 평행선을 유지하며 난 나의 삶, 넌 너의 삶을 그냥 살 것인가? 내 믿기로 사람은 말해 준다고 해서 변하는 것 같지 않다. 내가 먼저 변할 때 상대도 변할 가능성이 있을 뿐. (6년째 해 대는 잔소리에도 아내는 아직도 양말을 아무 데나 벗어 놓는다.)

아내와 힘 겨루기를 해야 할 때가 있다. 사소한 말실수가 부른 사태가 점점 팽팽한 긴장감으로 부풀어 오르면 나는 되도록 먼저 무장 해제를 선언하려 노력한다. 속된 말로 먼저 기어 들어 간다는 뜻이다. 그렇지만 난 이게 '지는 게 이기는 전략'

이라고 믿는다. 사실 아내와 논리적으로 논쟁하면 이길 자신도 있고 하다못해 쌈질이라도 하면 힘으로 아내를 제압할 수 없겠는가? 나라고 끝까지 자존심 세우고 '내 잘못도 있지만, 당신 잘못이 더 크다'고 뻣뻣하게 굴고 싶지 않은 것 아니다. 그렇게 해서 얻는 유익이란 '공처가 소리를 면하는 것' 외에는 없다고 생각하기 때문이다. 서로 똑같이 자존심을 세워 봐야 결국 "난 너에게 이렇게까지 했는데 넌 왜 날 이것밖에 이해 못하니?" 매번 이 수준을 못 넘긴다는 것이다. 대결 모드에서 대화 모드로 전환하려면 누군가 먼저 기어들어 가야 한다. 문제의 발단을 자신에게서 찾고 먼저 엎드러질 줄 아는 사람만이 진정 고수로 인정받을 수 있다.

아내의 삶의 스타일이 다 맘에 드는 것은 아니지만, 나는 감히 아내의 삶의 방식을 두고 이러쿵저러쿵 간섭하지 않으려 한다. 평상시엔 꾸준히 섬겨서 저축을 해 두고, 위기가 닥칠 때는 나를 살펴 나로부터의 원인 제공을 찾으려 노력할 뿐이다. 그럴 때 비로소 아내도 비난을 멈추고, 나를 왕으로 대접한다. 사랑이 커지고 넓어지기 위해서 할 수 있는 선택은 하나밖에 없다. 무엇보다 "아내 사랑하기를 그리스도께서 교회를 사랑하시고 그 교회를 위하여 자신을 주심같이 하라"^{엡 5:25} 하신 명령

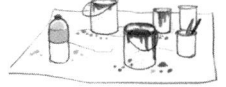

에의 순종이 내게는 이런 것이다. 그리스도께서 교회의 머리 되심이 군림이 아니라 희생이시듯, 아내의 머리 되는 남편이란 먼저 "미안해!"라고 말하고 품어 주는 희생이라 생각한다.

55 할 수 있는 것만 하는 것은 사랑이 아니다

상대방도 너무 잘 아는 것 같다. 내가 할 수 있는 걸 하는지, 아니면 그 이상의 노력으로 나를 변화시키는 것으로 사랑하는지……. 내가 좋아해서 잘할 수 있는 것을 가지고 내 방식대로(남편이 어떻게 느끼는지와 관계없이) 하는 것을 '사랑'이라고 생각했었던 것 같다. 내게 더 큰 사랑은 새벽같이 일어나 아침 준비를 하는 것이 아니라 전화 한 통을 참는 일이었다. 진정한 사랑은 내가 하고 싶은 방식으로 열정을 쏟아 붓는 것이 아니라 상대방의 필요를 세심하게 찾아보는 것, 그리고 그 필요를 채우기 위해서 내게 익숙한 방식들을 포기하는 것이었다. 그가 맨 처음 내 마음에 들어와 마법의 보자기를 뒤집어쓰던 날, 우린 '사랑'에 빠졌다. 그 사랑은 여전히 마음 한구석에 살아 있어서 아주 가끔 멀리서 걸어오는 그의 모습을 바라보면 심장이 쿵쿵거리기도 한다. 그러나 그때 그 '사랑'의 모양새는 희미해졌고 희미해진 모양새가 그리 싫지도 않다. 왜냐하면, 그때로써는 상상도 할 수 없는 '사랑'이 우리 사이에 자라고 있기 때문이다. 나의 연약함이 그에게 고통이 된다고 느끼는 순간 총 맞은 것 같은 충격으로 성찰하게 되었다. 그렇게 해서 내 본성으로는 '원래 안 되는 것'이라고 생각했던 삶의 방식을 습득해 나가는 과정, 그 때문에 커지고 깊어진 사랑은 인생을 통틀어 내가 얻은 최고의 선물이다. 대단한 것은 아니다. 그가 혼자 있을 시간과 공간을 확보해 주기 위해 말 걸고 싶은 순간을 참는 것, 지루해서 견딜 수 없는 철학 이야기를 포기하지 않고 경청해 주는 것, 내 기대보다 7초쯤 늦게 나오는 그의 답을 숨 고르며 기다리는 것. 이제는 말할 수 있다. 할 수 있는 것만 하는 것은 사랑이 아니다.

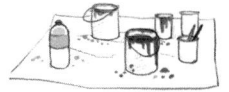

함께 나눠 봅시다

1. 당신은 배우자에 대한 애정을 어떤 말, 어떤 행동으로 표현합니까?

2. 나는 배우자의 어떤 말, 어떤 행동에 사랑받는다고 느낍니까?

에필로그

JP&SS에게 결혼이란?

[결혼은 학교다]

JP

결혼은 학교다. 결혼에 대해서 잘 배운 부부가 그만큼 더 행복할 가능성이 높다는 의미에서 결혼은 학교다. 결혼 그 자체가 인생을 가르쳐 주는 소중한 텍스트라는 의미에서도 결혼은 학교다. 결혼에 대해 전혀 아는 바도 없고 배운 바도 없는 두

사람이 만나 일구어 가면 결혼은 그야말로 '사랑과 전쟁'이 되기 쉽다. 그럼에도 불구하고 그 중요하고도 소중한 결혼에 대해서 우리는 잘 배우려 하지 않는다. 그냥 살면서 부딪히며 알아 가는 거라고 생각하는 모양이다. 그러나 살면서 부딪히며 배우는 결혼 생활은 출혈이 너무 크다. 서로에게 너무 많은 상처를 남기거나, 자녀에게 그 상처를 고스란히 물려 줄 수도 있기 때문이다. 그런 다음에야 깨닫게 된 결혼이라면 이미 너무 늦은 것 아니겠는가. 우리는 이미 결혼도 하기 전에 '사회적 통념'으로서 결혼을 무의식적으로 배워 자기만의 결혼관을 정립해 둔다. 그래서 서로 다른 두 결혼관은 시시때때로 갈등과 전쟁을 일으킨다. 부모로부터 물려받은 결혼관, 선배로부터 엿들은 결혼관, 영화와 소설 속에서 만난 왜곡된 결혼관, 환상 속에서 스스로 만든 개똥 철학 같은 결혼관, 이처럼 많은 결혼관이 '하나님이 짝지어 주신 결혼'을 어렵게 만든다.

결혼이 학교라는 말은 그것을 바르게 배워야 한다는 말이다. 물론 결혼에 대한 많은 지식과 세련된 대화 기술의 습득이 자동으로 가정을 행복하게 해 주는 것은 아니다. 결혼은 함께 배우면서 동시에 함께 대화하는 것이고, 동시에 함께 기도

하는 것이다. 배움, 대화, 기도, 이 세 가지를 함께 수행해 나간다는 의미에서 결혼은 인격과 영혼을 위한 학교라고도 할 수 있다.

교회가 결혼을 가르쳐 준다면 적극적으로 배우는 것이 유익하다. 그런 프로그램이 없으면 부부가 함께 학교를 세우고, 교과 과정을 만들고, 학생들을 모집해서 배워 보라. 그러면 그런 과정 없이 그냥 만나 사는 부부와는 분명 다른 행복, 다른 소명, 다른 은혜가 있을 것이다.

[결혼은 벗었으나 부끄럽지 않은 것이다]

55

결혼 초반에는 나름대로 잘 감추고 살 수 있었다. 내 안에 있는 쓴 뿌리로부터 올라오는 온갖 부정적인 느낌과 언어들을 용하게 잘 누르고 살았다. 아니 적어도 스스로 그렇게 믿었다. 남편이 사랑스러워할 모습만을 보여 주고 있다고 철석같이 믿고 있었다. 결혼 후 1년쯤이었나? 잘 숨기고 있다고 생각했던 내 약점을 남편은 이미 다 파악하고 있었다. 그 사실을 확인한

순간 천장이 핑 도는 현기증이 날 정도로 충격을 받았다. 남편에게 거절당할 일만 남았다는 느낌이었던 것 같다. JP에게 따져 물었다. "나는 당신의 어떤 점이든 불편할 때마다 수시로 고쳐 달라고 말하는데 당신은 왜 알고 있으면서 한 번도 지적하지 않았어?" 그리고 원망했다. "힘들면 힘들다고, 어려우면 어렵다고, 얘기했어야 하는 거 아니야?" 남편이 대답했다. "당신의 연약한 점, 스스로 잘 알고 있잖아. 그 때문에 당신 자신이 힘들어 하고 있잖아. 그리고 어떻게 해야 하는지도 잘 알고 있고." 처음 받은 충격보다 더 큰 '충격 같은 감동'이었다. 그리고 이 말을 들은 후의 정신실은 그전과 전혀 다른 사람이다. 감히 제2의 회심 사건이라 이름 해도 좋겠다. 감추고만 싶은 콤플렉스 투성이 내면이 사랑하는 사람 앞에서 그대로 발가벗기듯 드러났고, 바로 그 자리에서 받아들여진 것이다. 결혼에 숨겨 두신 큰 비밀 "벌거벗었으나 부끄러워하지 아니하니라"창 2:25가 비로소 마음으로 알아들어진 순간이다. 내면의 포장지가 다 벗겨지고 죄된 본성이 드러났음에도 사랑으로 받아 주는 남편 앞에서 부끄럽지 않았기에 비로소 나는 변화할 수 있었다. 그래서 이제 나는 말할 수 있다. 사람 참 변하지 않는 존재이지만 '사랑받은 사람'은 변한다. 그것도 가장 수치스러운 자리에서 사랑받아 본 사람이 선택할 것은 사랑을 지향하는 삶이고 변화일 수밖에 없다.

JP

결혼은 진실과 헌신으로 세워진다. 진실은 투명함이고, 헌신은 조건 없는 신뢰다. 이 두 기둥 중 하나라도 금이 가면 하나님이 제정하신 행복한 결혼 생활은 지탱하기 어렵게 된다.

진실은 서로가 서로에게 투명한 것이다. 서로 속이고 서로 감추지 않는다. 그러기에 상대의 약점과 부끄러움을 탓하지 않는다. 진실은 자신의 연약한 자아를 보호하기 위해 은밀하게 치장했던 거짓 자아의 옷을 하나둘 벗는 것이다. 강한 척, 지혜로운 척, 유쾌한 척, 부유한 척, 믿음 있는 척하면서 만들어 놓은 자신의 가면을 벗는 것이다. 배반하고, 음흉하고, 두려워하고, 분노하는 자신의 자아를 배우자 앞에서 정직하게 보여 주는 것이다. 비난받을까 두려워 숨으려는 우리의 죄 된 본성을 역류하여 벗었으나 부끄러워하지 않을 그 자유로 한 걸음 나서는 것이다.

진실은 헌신을 요구한다. 아니 진실은 헌신을 발생시킨다. 내 앞에 선 벌거벗은 배우자를 품고 싶은 욕망은 그를 돕고 싶은 의지이며, 그를 세워 주고 싶은 사명이고, 그와 함께 치유의 길로 가고 싶은 갈망이다. 그래서 결혼은 서로가 서로에게 조건 없이, 계산 없이, 아낌없이 주고 희생한다.

진실과 헌신의 두 기둥으로 세워져 가는 부부는 벌거벗었으나 부끄럽지 않다.

[결혼은 치유다]

JP

결혼은 치유다. 외로운 존재 옆에 나란히 서서 손잡아 주니 마음이 따뜻해진다. 세파를 거스를 용기가 부족해서 좌고우면左顧右眄하니 안아서 격려해 준다. 열등감에 휩싸여 우울해질 것 같으면 조건 없이 품어 주고, 가려져 있는 숨은 재량을 찾도록 도와준다. 사랑받고 싶어 몸부림치지 않아도 사랑해 주고, 인정받고 싶어 계략을 꾸미지 않아도 인정해 주니, 결혼은 치유일 수밖에 없다.

결혼은 치유가 아니라 도리어 상처라고 하는 소리가 들리는 듯하다. 물론 어떤 이에게는 결혼 때문에 더 많은 상처가 생길 수도 있다. 그러나 썩은 환부를 도려내는 데는 아픔이 따르기 마련이다. 서로서로 알아 가는 과정에서 미숙함 때문에 상처를 주고받을 수 있다. 진실하지 못한 헤아림과 비아냥 때문에 깊은 상처가 날 수도 있다. 주는 만큼 받지 못한 것이 억울해서 자존심이 멍들 수도 있다. 그러나 진실과 헌신을 포기하지 않기로 다짐하고, 첫 결혼의 언약을 다시 확인하면서 기꺼이 결혼의 신비 속으로 뛰어든다면 결혼은 그 누구도, 그 어떤 것도 할 수 없는 치유를 일으킬 것이다. 의심하지 말자. 결혼은 지상에서 가장 완벽한 치유라는 것을.

55

일찍 아버지를 여의고 내게 붙은 딱지 하나, '결손 가정'의 아이. 청소년 시절 내내 싫어도 떼어 버릴 수 없는 이 이름에 매여 남모르는 위축감을 갖고 살았다. 혼인 신고를 하고 처음 떼어 본 주민등록등본에는 남편과 나의 이름이 나란히 줄을 서 있었다. 이제는 부부의 이름 아래 두 아이의 이름까지 올라와 이보다 더 조화로울 수 없는 주민등록등본이다. 적어도 내

게는 그러하다. '결손', 아니 '한 부모'라 이름붙지 않는 그냥 '가정'의 외형이 아닌가. 있어야 할 것이 없는, '결손된'의 의미가 지워진 '온전한' 가정을 바로 내가 가지게 된 것이다. 외형뿐 아니라 남편과 일구어 가는 '좋은 가정'에 대한 꿈으로 청소년 시절의 어두운 그림자들이 하나씩 지워지며 새로운 그림이 그려지고 있다. 선택의 여지없이 던져진 것만 같았던 첫 번째 가정에서 받은 상처들이 애쓰지 않아도 하나씩 아물어 가고 있다. 나는 알게 되었다. 둘이 하나 되게 하신 뜻을 우리 삶에서 이루어 갈 때 그것은 자연스레 치유와 구원의 여정이 된다는 것을 말이다.

아주 오랫동안 '사랑의 하나님'에 대해 의심이나 다름없는 의문을 숨겨 두고 있었다. 머리로 아는 그 사랑의 하나님을 따뜻하게, 정말 따뜻하게 체감해 볼 수는 없을까? 고등학교 3학년 때였다. 쉬는 시간에 엎드려 잠깐 자려는데 등이 너무 시린 것이다. 누군가 따뜻한 담요 같은 것을 덮어 줬으면, 누군가 뒤에서 따뜻하게 안아 줬으면 하는 허전한 느낌으로 그 쉬는 시간을 보냈다. 그날의 기억은 늘 내 마음 한구석에서 추운 바람 한 줄기로 남아 있었다. '사랑의 하나님'에 대한 목마름은 그 시린 등을 따뜻하게 감싸 주는 구체적인 손길 같은 것이었고, 늘 의심하며 갈망할 뿐이었다. 남달리 온유한 사람 JP와 결혼했다. 내 부족함을 받아 줄 뿐 아니라 '그럼에도 불구하고' 사랑해 주는 그와 함께 살면서 시린 등에 서서히 온기가 느껴지기 시작했다. 어느새 그 온기가 온몸으로 파고들어 이제는 추운 날보다 따뜻한 날이 더 많다. 어느 날 고요히 기도하는 중에 사랑의 하나님이 아주 가까이 느껴졌다. 저 먼 땅 이스라엘의 갈보리 언덕에서 보일 듯 말 듯 존재하시던 사랑의 하나님이 내 등 뒤에 서 계셨다. 그 크고 따뜻한 손으로 내 시린 등을 감싸고, 작은 몸을 포근히 안아 주시며 내 옆에 계셨다. 일상에서 남편에게 받은 그 사랑이 하나님 사랑을 일깨웠으니 결혼을 통해 구원과 치유가 일어난 것 아니겠는가. 어느 노래의 가사처럼 '그대를 향한 나의 마음은 그대를 내게 허락한 그분을 보게 하는 힘'이 된 것이다.

[결혼은 복음 증거이다]

JP

행복하게 사는 부부를 종종 보았다. 닮고 싶은 부부도 더

러 있었다. 그러나 예수의 향기가 나는 부부는 만나기 어려웠다. 그런 부부라면, 그들의 정신, 그들의 부부 관계, 그들의 자녀 양육, 그들의 재정 사용, 그들의 나눔과 섬김, 그들의 신앙을 모조리 닮고 싶었을 것이다. 누구에게라도 그 부부를 소개하고 싶었으리라. 그런 부부의 삶은 굳이 전도라는 말을 갖다 붙이지 않아도, 그런 삶 자체가 하나의 복음 증거일 것이다.

말로는 전도가 잘 안 되는 시대를 산다. 말로는 은혜를 끼치는 것이 거의 불가능한 시대다. 삶이 담보된 말을 요구하는 시대 속에서 우리는 무엇을 보여 줄 수 있을까.

사람들이 종종 묻는다. 당신 가정이 행복한 이유가 무엇이냐고. 자, 이제 대답할 차례가 되었다. 예수께서 교회를 사랑하여 자기 자신을 십자가에 내어 주신 그 사랑으로, 남편인 내가 아내를 죽기까지 사랑할 것을 서약한 이 진리, 이 복음을 어떻게 설명하면 될까? 그 서약을 붙들고 하늘 사랑을 흉내 내며 사는 오늘이 행복하다. 그리고 행복한 결혼은 이 시대 가장 강력한 복음 증거다.

함께 읽으면 좋은 책들

간행물, 「평등한 부모 자유로운 아이」, 또하나의문화.
공동육아연구회, 「코뿔소 나들이 가자」, 또하나의문화, 2000.
공동육아연구회, 「함께 크는 우리 아이」, 또하나의문화, 1997.
아가페 편집부, 「지혜성경」, 아가페, 1999

김영민, 「신 없는 구원 신 앞의 철학」, 다산글방, 1994.
박완서, 「사랑하는 방법을 바꿔라」, 샘터사, 2002.
이부미, 「놀면서 자라고 살면서 배우는 아이들」, 또하나의문화, 2001.
임우철, 「봄날」, 문학과지성사, 2005.
최정현, 「반쪽이의 육아일기」, 여성신문사, 2004.
최정현, 「평등부부 반쪽이의 가족일기」, 여성신문사, 1996.
홍승우, 「비빔툰」, 문학과지성사, 2005~2012(1~9권).
홍승우, 「야야툰」, 문학과지성사, 2002.

디트리히 본회퍼, 「신도의 공동생활」(Gemeinsames Leben), 정지련, 손규태 옮김, 대한기독교서회, 2010.
빌 하이벨스, 「크리스천의 연애와 결혼」(Fit to be tied), 백준호 옮김, 도서출판 바울, 1995.
빌 하이블즈, 「살아 있는 하나님의 지혜」(Making life work), 윤종석 옮김, 한국기독교학생회출판부, 2000.
요한 크리스토프 아놀드, 「브루더호프의 아이들」(A Little Child Shall Lead Them), 전의우 옮김, 쉴터, 2000.
존 스토트, 「현대를 사는 그리스도인」(Contemporary Christian), 한화룡 옮김, 한국기독교학생회출판부, 1993.
팀 베브 라하이, 「아름다운 애정생활」(Act of Marriage), 권명달 옮김, 보이스사, 1990.
폴 스티븐스, 「영혼의 친구, 부부」(Marriage spirituality: ten disciplines for couples who love God), 강선규 옮김, 한국기독학생회출판부(IVP), 2003.
프레드릭 르봐이예, 「폭력 없는 탄생」(Pour une naissance sans violence), 하윤기 옮김, 예영커뮤니케이션, 2012.

와우 결혼

초판 발행	2013년 6월 10일
지은이	김종필 · 정신실
발행인	이윤복
발행처	죠이선교회(등록 1980. 3. 8. 제5-75호)
홈페이지	www.joybooks.co.kr
주소	130-861 서울특별시 동대문구 왕산로 19바길 33
전화	(출판사역부) 925-0451
	(죠이선교회 본부, 학원사역부, 해외사역부) 929-3652
	(전문사역부) 921-0691
팩스	(02)923-3016
인쇄소	영진문원
제본소	정문바인텍
판권소유	ⓒ죠이선교회
ISBN	978-89-421-0340-9 03230

책값은 뒤표지에 있습니다.
잘못된 도서는 교환하여 드립니다.
이 책의 내용을 허락 없이 옮겨 사용할 수 없습니다.